네 속에도
하나님의 은사가 있다

네 속에도 하나님의 은사가 있다

초판 1쇄 찍은 날 · 2003년 7월 22일 | 개정 3쇄 펴낸 날 · 2007년 11월 23일

지은이 · 김문훈 | 펴낸이 · 김승태

편집 · 이덕희, 방현주 | 디자인 · 이훈혜
영업 · 변미영, 장완철 | 물류 · 조용환, 엄인휘

등록번호 · 제2-1349호(1992. 3. 31.) | 펴낸 곳 · 예영커뮤니케이션
주소 · (110-616) 서울 광화문우체국 사서함 1661호 | 홈페이지 www.jeyoung.com
출판사업부 · T. (02)766-8931 F. (02)766-8934 e-mail: jeyoungedit@chol.com
출판유통사업부 · T. (02)766-7912 F. (02)766-8934 e-mail: jeyoung@chol.com
제작 예영 B&P · T. (02)2249-2506~7

copyright©2003, 김문훈

ISBN 978-89-8350-345-9 (03230)

값 8,000원

네 속에도 하나님의 은사가 있다

김문훈 지음

예영커뮤니케이션

머리말

　인간은 누구나 행복한 삶을 원한다. 사역을 하면서 깨닫게 된 것은 의외로 많은 사람들이 숨겨진 상처와 깊은 열등감으로 위축된 생활을 하고 있다는 점이다. 참으로 많은 사람들이 뿌리 깊은 열등감과 가난한 자의식으로 인해 남모르게 상처받으며 살아가고 있음을 발견할 수 있다. 눈에 보이는 것으로 사람의 가치를 평가하는 냉혹한 세상의 시선 앞에서 우리의 가치와 존재를 당당하게 주장할 수 있는 근거는 하나님께서 나의 가치와 존재를 인정하고 사랑하시기 때문이다. 하나님은 오늘도 우리가 사랑받기 위해 태어난 존재이며 은사와 재능이 많고 축복 받은 존재라는 것을 말씀하신다.

　흔히 훌륭한 미남배우는 대성하지 못한다는 말이 있다. 약점이 있고 연기가 서툰 배우가 배우로서는 대성한다. 서툴면 서툰 대로 연기가 자연스러워 보여 독특하고 맛깔스러운 배우가 될 수 있기 때문이다. 자신의 약점이나 서툰 면을 받아들일 때 오직 그 사람만이 보여 줄 수 있는 독특한 매력이 흘러나오게 된다.

　인생이라는 무대에서도 그것은 마찬가지이다. 굳이 약점을 고치려고 애쓸 필요가 없다. 약점은 더욱 발전시키면 된다. 약점 속에 바로 개성과 강점이 있기 때문이다.

　인생은 장편 드라마와 같다. 한두 번 실수했거나 실패했더라도 따라잡을 수 있다. 9회말 투 스트라이크 이후에도 홈런을 칠 수 있기 때문에 자신을 성장시키면 역전승의 은혜를 체험할 수 있다.

이 설교집은 지금까지 각종 집회를 통해 전했던 설교들 중에서 대표적인 설교라고 할 수 있는 것들만 모아서 정리한 것으로 '원본과 은사', '소원과 원한', '성공하는 사람들의 특징', '창조적 소수의 힘'의 네 부분으로 구성되어 있다.

1부는 하나님이 우리에게 주신 인생의 원본과 은사에 대한 내용이다. 하나님은 우리를 만드실 때 하나님의 모양을 따라 하나님의 형상대로 만드셨다. 낮은 자존감과 뿌리 깊은 열등감 속에서 자신감을 상실한 채 불안하고 연약한 마음을 가지고 살아왔더라도, 하나님께로 돌아가면 우리를 민드신 본래의 모습, 즉 하나님의 형상을 회복할 수 있다. 우리 속에는 하나님이 주신 은사와 능력과 인생의 원본이 있으므로 그것을 찾아 개발시키면 복의 근원이 되는 삶, 생기 있고 창조적인 삶을 살아갈 수 있다.

2부는 우리 속에 있는 소원과 원한을 하나님께 아뢰는 기도에 관한 내용이다. 기도보다 더 중요한 것은 실제로 기도를 하는 것이다. 기도의 위력을 믿는 사람에게 있어서는 기도가 영혼의 본능이자 삶의 정취이다. 기도가 우리의 생명의 원천을 이루는 호흡과 삶의 일부가 되게 하기 위해서는 먼저 우리 마음속을 하나님에 대한 큰 꿈과 소원으로 가득 채워야 한다. 그리고 밤낮 부르짖었던 과부처럼 원한 맺힌 기도를 할 때 기도의 황금 열쇠를 사용하는 자가 될 수 있다.

3부는 한 시대에 하나님께 쓰임받는 성공하는 사람들의 특징에 관한 내용이다. 모세가 죽은 후 이스라엘 백성들을 이끌고 가나안 땅을 정복한 여호수아와 복의 근원과 믿음의 조상이 되는 큰 축복을 받은 아브라함처럼 하나님이 사용하시는 사람들에게는 그럴 만한 이유가 있다. 하나님과 동행하는 비밀은 하나님의 약속의 말씀을 신뢰하고 순종하는 데 있다. 오늘도 하나님은 전심으로 자기를 찾는 자를 향하여 능력을 베푸시며, 신령과 진정으로 예배하는 자를 찾고 계신다. 하나님은 그 마음에 합한 자를 찾으시고, 그에게 자신의 비밀을 알리시며 그를 통해 뜻을 행하신다.

4부는 하나님께 쓰임받는 창조적 소수에 관한 내용이다. 하나님은 오늘도 깨어 있는 창조적 소수, 진리의 편에 서 있는 한 사람을 원하고 찾으신다. 우리가 미천하고 보잘것없는 존재일지라도 하나님께서 함께하시면 창조적인 소수로, 펄떡거리는 물고기로 생명력 있게 쓰임받을 수 있다. 오늘도 신앙의 마라톤은 신실한 믿음의 경주자에 의해 이어져가고 있다. 하나님의 좋은 사람들로서 믿음의 경주를 완주하는 승리자가 되기 위해서는 무거운 것과 얽매이기 쉬운 죄를 벗어버리고 부활하신 주님만을 바라보며 나아가야 한다. 하나님이 경기의 끝을 알리는 호루라기를 부실 때까지 포기하지 않고 믿음으로 달려갈 때 인생 마라톤의 승리자가 될 수 있다.

나의 부족함에도 불구하고 그동안 많은 사람들이 설교를 통해 은혜를 경험하고, 하나님이 주신 치유와 회복을 기뻐하며 감사하였기에 오늘의 이 설교집이 나올 수 있었다. 이 책의 원본이 되는 설교 테이프는 집회의 현장 실황을 녹음한 것으로, 음질이 좋지 않음에도 불구하고 많은 사람들의 사랑을 받았으며 외국에까지 전해지는 등 많은 간증을 남겼다.

이 책을 통해서도 우리 속에 있는 하나님의 가능성을 발견할 수 있기를 바라며, 우리가 이 세상에 존재하는 것만으로도 다른 사람들에게 기쁨과 용기와 유익을 줄 수 있다는 사실을 발견할 수 있기를 바란다.

2003년 7월

김문훈

네 속에도 하나님의 은사가 있다

CONTENTS

네 속에도
하나님의 은사가 있다

하나님은 우리를 만드실 때 하나님의 형상대로 만드셨다.
우리를 만드신 하나님의 의도를 알고 그 계획대로 살아간다면
고통 중에서도 춤출 수 있고
모든 환경을 역전시키는 삶을 살아갈 수 있으며
우리를 위해 예비하신 하나님의 은혜의 길을 발견할 수 있다.
우리가 이 세상을 살아가면서 가장 먼저 기억해야 할 것은
하나님께서 나에게 주신 은사가 있다는 사실이다.
하나님께서 내 속에 이미 축복의 씨앗과
능력의 근거를 주셨음을 믿고 그것을 찾아 붙들면
어떠한 상황에서도 늘 감사하는 삶을 살아가게 되고
신바람 나고 승리하는 삶을 살아갈 수 있다.

원본을 찾아서

"하나님이 가라사대 우리의 형상을 따라 우리의 모양대로 우리가 사람을
만들고 그로 바다의 고기와 공중의 새와 육축과 온 땅과 땅에 기는 모든
것을 다스리게 하자 하시고 하나님이 자기 형상 곧 하나님의 형상대로
사람을 창조하시되 남자와 여자로 창조하시고 하나님이 그들에게 복을
주시며 그들에게 이르시되 생육하고 번성하여 땅에 충만하라, 땅을 정복
하라, 바다의 고기와 공중의 새와 땅에 움직이는 모든 생물을 다스리라
하시니라."(창 1:26-28)

우리는 하나님의 형상을 따라 하나님의 모양대로 만들어진 존재이다

창세기 1장만 제대로 믿어도 우리의 인생은 달라질 것이다. 창
세기 1장은 우리에게 모든 것의 기원, 즉 시작을 이야기해 주고 있

기 때문에 매우 중요하다. 우리가 누구이며, 어떻게 살아갈 것인가 하는 것은 인간에게 있어서 가장 근원적인 질문이다. 자신의 원본이 무엇인지를 먼저 알아야 왜곡되지 않은 자아상을 갖게 되고 인생의 방향을 올바르게 수정할 수 있는 것이다. 다른 사람이 나를 보는 시각은 단편적이고 주관적이다. 또한 스스로 부여한 자신의 정체성 역시 정확하지 않을 때가 많다. 우리에게 중요한 것은 창조자이신 하나님이 나를 어떻게 보시며, 나에 대해 무엇이라고 말씀하시는가를 살피는 일이다. 참된 자아를 찾아가는 과정에 인생의 의미가 있다고 할 수 있다.

그렇다면 도대체 우리는 누구인가? 창세기 1장 26절은 이에 대해 우리가 하나님의 형상을 따라 하나님의 모양대로 만들어진 존재라고 대답한다. 사람이 그 인권을 존중받아야 하는 이유는, 우리가 하나님의 형상과 하나님의 모양대로 지음받았기 때문인 것이다. 어떤 사람이든 존경받고 사랑받고 축복받으며 살아가는 것이 하나님이 만드신 원본대로의 삶이라고 할 수 있다.

우리가 어떤 지역을 찾아가기 위해서는 약도나 지도가 필요하다. 또한 아플 때 병원에 가면 처방전을 준다. 그 처방전을 가지고 가야만 병을 치료하는 데 필요한 약을 조제해 준다. 건물을 지을 때도 설계도가 있어야 하고 설계도대로 벽돌을 쌓아 건물을 짓는 것이다. 또한 어떤 제품을 구입했을 때 그 사용 설명서를 보고 규칙대로 사용해야만 그 제품을 고장 없이 오래도록 쓸 수 있다.

우리의 인생도 마찬가지이다. 덮어놓고 자기 마음대로 사는 것이 아니라 우리를 만드신 하나님의 원본대로 살아야 한다. 그래서 그 원본을 찾기 위해 성경으로 돌아가는 것이 중요하다. 그러나 많은 사람들이 원본대로 살지 않고 자기의 기분대로, 자기의 감정대로 살아가고 있다. 인생의 원본을 찾는다는 것은, 우리가 어떤 건물을 찾아갈 때 지도를 보고 어떤 제품을 사용하기 전에 사용 설명서를 먼저 읽어 보듯이 인생의 약도와 인생의 설계도를 찾아간다는 뜻이다.

로렌스 크랩(Lawrence J. Crabb, Jr.)은 『결혼 건축가』(*The Marriage Builder*)라는 책을 통하여 결혼에도 집을 지을 때와 같이 청사진이 필요하고 결혼이라는 청사진을 건축물로 완성하기 위해서는 견고한 재료가 필요하다고 말하였다. 이처럼 우리 인생을 찾아가고 건축해 나가는 데 있어서도 원본이 필요하고 지도가 필요하고 청사진이 필요하다. 그 원본이 바로 성경이다. 성경으로 돌아가면 그 속에서 올바른 답을 발견할 수 있다. 예수 그리스도가 인생의 해답이 되시고, 인생의 열쇠가 되신다. 우리는 예수 그리스도 안에서 길을 찾고 성경 속에서 원본을 찾아야 한다.

인생이라는 여행에는 여러 가지 길이 있지만 성경 속에서 인생의 길을 찾을 때에만 후회 없는 바른 선택을 하게 된다. 시간이 지날수록 하나님의 말씀이 우리의 인생에 등불이 되고 나침반이 되고 가이드북이 된다는 것을 깨닫게 된다. 말씀의 설계도대로 인생을 지어 나간다면 멋진 인생을 살아갈 수 있으나, 말씀을 벗어나게 되면 그 인생은 점점 무너지게 되어 있다. 우리는 인생의 설계도대로, 인생의 사용 설명서대로 삶을 건축하고 사용해야만 한다. 인생을 가장 효과적으로 가장 멋지게 살아가는 방법은 하나님의 형상을 회복하는 것이다.

기독교의 모든 설교, 상담, 철학, 성경 공부의 궁극적인 목적은 하나님이 디자인하시고 설계하신 원본의 의도대로 인생을 찾고 설계하고 건축하는 것이다. 그것이 바로 하나님의 형상을 회복하는 길이다. 우리가 기분과 감정을 따라 살면 반드시 후회할 일이 생긴다. 그러나 하나님의 원본과 그 계획대로 살아가면 후회하지 않는 행복한 삶을 살아갈 수 있을 것이다.

하나님이 이 세상에 인간을 보내기로 작정하셨을 때 시시하고 하찮은 존재로 의도하신 것이 아니라 하나님의 존엄한 이미지를 닮은 귀한 존재로 계획하셨기 때문에 하나님이 만드신 인생은 누구든지 소중하다. 모든 인간에게는 하나님이 주신 원본이 있음을 기억해야 한다.

우리는 주위에서 종종 그리스도인으로서 아름답고 멋진 인생을 사는 사람들을 만나게 된다. 그런 사람들을 대할 때마다 마치 그 삶에서 빛이 나는 것 같다는 느낌을 받았다. 우리에게 똑같은 24시간이 주어져 있고 일상 생활의 범주도 크게 차이가 나지 않지만, 그들은 늘 다듬어져 있고 다른 사람 앞에서 모범적인 생활을 하고 있었다. 온전하고 균형 잡힌 모습으로 서 있을 뿐 아니라 다른 사람을 기쁨으로 섬기는 그러한 사람들을 볼 때면 '너희는 세상의 소금이고, 세상의 빛이라' (마 5:13-14)고 하신 예수님의 말씀이 생각나곤 한다.

우리가 하나님의 형상을 회복하기만 하면, 빛을 발하는 삶을 살게 되고 다른 사람이 우리를 통해 하나님의 이미지를 느낄 수 있게 된다. 우리는 모두 잠재적 가능성을 가진 존재들이다. 그러나 어떤 가능성을 좇아가느냐에 따라 일어나 빛을 발할 수도 있고 주저앉아 부패한 냄새를 풍길 수도 있다.

선한 사람과 악한 사람은 태어날 때부터 결정되어 있는 것이 아니다. 하나님을 거절하고 자기의 뜻대로 고집하는 삶을 산다면 누구나 악한 존재로 굳어지게 될 것이다. 그러나 신앙 안에서 말씀대로 순종하며 살아갈 때 누구나 온유한 사람으로 길들여지고 빛과 소금이 되라는 그리스도의 요청을 삶 가운데 실현하게 된다. 세월이 지나도 여전히 약하고 나태한 모습이 남아 있을 수 있지만 포기하지 않고 성실하게 말씀을 붙들면 언젠가는 빛을 발하는 삶에 이르게 되고 그 사람이 가는 곳마다 소금과 같이 짠 맛을 내는 도전적인 삶을 살아갈 수 있는 것이다. 하나님의 이미지를 회복해 가려는 의지만 있다면, 이러한 삶을 사는 것은 누구에게나 가능하다. 우리 속에 본질적으로 하나님의 형상이 있다는 것을 늘 기억해야 한다.

왜 우리는 서로를 아름답게 여겨야 하는가? '형제의 모습 속에 보이는 하나님의 형상 아름다워라' 라는 노래의 가사처럼 우리의 모습 속에 있는 하나님의 형상이 바로 형제와 자매를 아름답게 여길 수 있는 근거가 된다. 우리가 사람을 볼 때 겉모습만 보아서는 안 된다. 잠언서에서는 "고운 것도 거짓되고 아름다운 것도 헛되나 오직 여호와를 경외하는 여자는 칭찬을 받을 것이라"(잠 31:30)고 말씀하고 있다. 곱고 아름다운 것은 다 지나가게 되고 시간이 흐르면 헛되게 느껴질 뿐이지만 여호와를 경외하면 그 영혼이 아름다워진다는 것이다. 그러므로 우리가 사람을 볼 때 겉모습만 보는 것이 아니라 그 내면에 있는 영혼의 아름다움까지 볼 수 있어야 한다.

모세는 이스라엘 민족을 애굽의 노예 상태에서 구원해 낸 지도

자이다. 그는 애굽 사람들 밑에서 노예 생활을 하고 있던 이스라엘 자손들을 구출해 내어 독립된 한 민족을 형성하게 하고, 그들이 가나안 땅에 들어갈 수 있도록 준비시킨 이스라엘의 민족 영웅이다. 성경에서는 그 어머니 요게벳이 모세가 태어났을 때 그 준수함을 보았다고 기록하고 있다(출 2:2). 막 태어난 갓난아기의 모습이란 결코 준수하지가 않다. 선홍색의 작은 몸은 온통 주름투성이이고, 세균 감염을 막는 흰빛의 태지로 덮여 있으며, 솜털도 많이 나 있다. 그런데 요게벳이 이 특별할 것 없는 아기를 보며 준수하다고 생각했던 이유는 무엇일까? 주석가들은 '준수하다'는 것의 의미가 외모가 아닌 영적인 측면에 관련되어 있다고 설명한다. 요게벳은 하나님이 모세를 잘 양육하셔서 장차 그를 귀하고 영광스럽게 사용하시리라는 것을 영적인 눈으로 미리 바라본 것이다. 우리는 이처럼 자기 자신과 다른 사람을 영적인 안목으로 볼 수 있어야 한다.

우리 민족은 전통적으로 욕설을 많이 사용하는 민족이다. 욕은 거칠어진 사회상을 반영하는 속어로서, 우리 민족의 경우에는 약소국으로서 당했던 수많은 어려움과 숱한 전쟁을 겪는 중에 쌓여 온 억압, 소외, 핍박, 수탈, 가난, 짓밟힘에 대한 분풀이로 자주 사용되어 왔다. 때로 독특한 억양의 사투리에 감초처럼 욕을 섞어서 쓰면 재미있게 느껴지기도 한다. 귀한 자식일수록 천한 이름을 붙여 주었던 것과 비슷한 맥락에서인지는 몰라도 아이를 나무라는 말을 할 때 얼토당토않은 비약이나 과장이 담긴 욕설을 퍼붓는 부모들도 많았다. 그뿐 아니라 너무 기분이 좋을 때 강조를 위한 반어법으로 사용되기도 한다. 그러나 아무리 욕 속에 순박한 서민적

해학이 담겨 있다 하더라도 사람에 대해 그런 부정적인 말들을 사용하는 것은 옳지 못하다. 우리는 인간이 누구를 닮아 창조되었는지를 아는 사람들로서, 요게벳이 모세에 대해 영적 희망을 품었듯이 항상 서로의 존재에 대한 기대감을 가지고 축복의 언어를 사용해야 한다.

하나님의 원본대로 사는 것이 우리를 향한 하나님의 뜻이다

사역을 하면서 만났던 많은 이들에게서 느꼈던 점은 대다수의 현대인들이 낮은 자존감을 갖고 있으며 자아상이 구겨져 있다는 것이었다. 나도 한때는 그렇게 살았던 적이 있었다. 가난한 농촌에서 태어나 육체적 질병 속에 한숨지으며 자신감을 상실한 채 불안하고 연약한 마음으로 하루하루를 보내던 어렵고 힘든 시절이 있었다. 이러한 가난과 설움과 고난 속에서 나 스스로를 바라보면 낙망되고 절망되어 믿음마저도 희미해지곤 했다. 자신감이 없었기 때문에 앞날에 대한 희망도 보이지 않았다. 그러나 하나님이 허락하신 기회에 신학을 공부하게 되었고, 성경을 묵상하던 중에 말씀을 붙들고 기도하다가 내가 결코 시시한 존재가 아니라는 사실을 깨달을 수 있었다.

"너는 복의 근원이 될지라"(창 12:2), "두려워 말라 내가 너와 함께함이니라 놀라지 말라 나는 네 하나님이 됨이니라 내가 너를 굳세게 하리라 참으로 너를 도와주리라 참으로 나의 의로운 오른손으로 너를 붙들리라"(사 41:10), "감당치 못할 시험당함을 허락지 아니하시고 시험당할 즈음에 또한 피할 길을 내사 너희로 능히 감당하게 하시느니라"(고전 10:13), "사랑하는 자여 네 영혼이 잘됨같이 네가 범사에 잘되고 강건하기를 내가 간구하노라"(요삼 1:2), "내게 능력 주시는 자 안에서 내가 모든 것을 할 수 있느니라"(빌 4:13), "너는 두려워 말라 내가 너를 구속하였고 내가 너를 지명하여 불렀나니 너는 내 것이라"(사 43:1) 등 성경에 나오는 이러한 약속의 말씀을 통해 하나님이 나를 사랑하신다는 것을 알게 되었다.

나의 마음과 몸속에도 하나님의 이미지가 있고 하나님이 주신 축복의 씨앗이 있음을 발견한 후부터 조금씩 자신감이 생기고 좋은 결과가 나타나기 시작하였다. 과거에는 자신감이 없었기 때문에 매사에 우울하고 절망스러웠다. 그러나 약속의 말씀을 붙잡고 믿음으로 기도하면서 하나님의 은혜와 긍휼을 체험하게 되었고, 나를 향하신 하나님의 뜻을 발견하게 되었다. 하나님이 만드신 원본으로 돌아가게 된 것이다.

내가 생각하는 나 자신은 진짜가 아니다. 우리 속에는 하나님이 장착해 놓으신 하나님의 형상이 있으며, 하나님이 우리에게 주신 은사와 능력이 있다. 인생의 원본이 있다. 오늘날 수많은 사람들이 하나님이 만들어 놓으신 의도대로 살지 않고 자기 감정과 판단대로 살아가고 있음을 보게 된다. 그러나 우리가 하나님과 그분의 말씀으로 돌아가면 하나님이 우리를 만드신 모습, 즉 하나님의 형상을 회복할 수 있다. 우리를 하나님의 형상을 따라 하나님의 모양대로 만드셨다는 것은 우리가 하나님과 커뮤니케이션을 할 수 있는 존재라는 의미이다. 하나님께 예배드릴 수 있고, 하나님과 사귈 수 있으며, 하나님의 사랑의 파트너가 될 수 있는 존재라는 것이다.

세계적으로 유명한 미국 새들백 교회의 릭 워렌(Rick Warren) 목사님은 설교할 때 "You are very important person."이라는 표현을 자주 사용한다. 우리가 흔히 쓰는 'VIP'라는 단어가 바로 'very important person'의 약자이다. 하나님은 우리를 VIP, 즉 매우 귀중한 사람으로 만드셨다. 우리는 시시하고 하찮은 존재가 아니다. 물질과 건강 때문에 또는 자녀 문제, 부부 문제 때문에 고통을 당하고 자존심이 상하고 마음의 상처를 입고 병에 짓눌려 살다가 말 인생이 아니다. 우리는 하나님이 작정하시고 계획하시고 직접 디자인하신 인생들이다. 하나님의 형상대로, 하나님의 모양대로 아로새겨서 만든 존재이다. 이것을 찾아서 그 원리와 질서대로 살면 되는 것이다.

오늘날 많은 사람들은 하나님이 만드신 원본대로 살지 못하기 때문에 나약한 존재가 된다. 그러나 하나님께서 우리에게 하나님의 형상을 주셨다는 것을 날마다 기억해야 한다. 하나님이 설계해 놓으신 설계도대로, 인생의 지도대로 살지 못하기 때문에 결과적으로 후회하는 인생이 된다. 물질, 명예, 지위 등 헛되고 헛된 것을 목표로 삼고 그것이 인생의 지도인 줄 알고 그리로 달려가다가 결국 불행한 삶을 살게 된다. 하나님은 지혜의 말씀을 통해 인생의 길에 대해서 가르쳐 주고 계시며, 나아갈 길에 등불을 비춰 주고 계신다. 우리는 하나님의 말씀대로 살아야 한다. 하나님은 이스라엘 백성을 출애굽시키실 때 모세를 통해 그들에게 십계명을 주시면서 그 계명대로 살면 천 대(千代)까지 은혜를 베푸시겠다고 말씀하셨다.

세월이 지나면서 깨닫게 된 것은 내가 생각하던 스스로의 모습이나 부모가 말하던 나에 대한 평가는 진정한 의미에서의 나 자신이 될 수 없다는 사실이다. 내 속에는 아무도 빼앗아 갈 수 없고 아무도 부인할 수 없는 하나님의 원본이 있다. 나를 가장 잘 아시는 하나님이 나에게 가장 소중한 것을 허락하셨으므로 주신 그대로만 살아가면 된다. 그분은 또한 누구에게나 사랑받고 사랑하면서 살 수 있는 능력을 주셨다. 다른 사람과 비교하면서 살 필요가 없다. 비교는 열등의식만 불러일으킬 뿐이다. 하나님은 공평한 분이시기 때문에 특정한 몇 사람에게만 좋은 것을 나누어 주시지는 않는다.

많은 사람들은 성공에 대한 강박관념을 가지고 있다. 그래서 무조건 성공해야 하고, 출세해야 하고, 좋은 조건의 사람과 결혼해야 한다고 생각한다. 그러나 우리는 하나님이 주신 대로, 허락하신 형편대로 살면 된다. 하나님의 은사와 부르심에는 후회하심이 없기 때문이다(롬 11:29).

왜 우리가 실망하고 상처받고 열등감을 가지게 되는 것인가? 남들과 비교하기 때문이다. 하나님이 우리를 이렇게 만드신 이유에 대해 생각하기보다는 자꾸 다른 것을 바라며 살기 때문이다. 하나님이 만드신 참된 나를 무시할 때 불안이 찾아든다. 자기 인생의 궤도를 벗어나는 것이 바로 탈선이다. 그러나 하나님이 나에게 주신 것을 찾아서 그 원본대로 살면 평안을 누리며 하나님의 승리를 맛보게 된다. 하나님이 나에게 주신 은사가 무엇인지 알 수 있는 방법은 무엇인가? 가만히 앉아서 수동적으로 구하기만 하는 것이 아니라 하나님의 말씀을 배우고 열심히 교회에서 봉사하고 현실에 최선을 다하면서 살다보면 자신의 은사가 무엇인지 알게 된다.

우리는 그 좋은 예를 다윗을 통하여 찾아볼 수 있다. 훗날 이스라엘의 왕이 된 소년 다윗은 왕실에서 정식으로 교육받은 적이 없었고, 왕족 출신도 아니었다. 다윗은 베들레헴 들판에서 부친의 양떼를 지키며 소년기의 대부분을 보냈다. 양을 지킬 때 사자나 곰이 와서 양의 새끼를 움켜 가면 따라가서 그것을 치고 그 입에서 새끼를 건져 내는 것이 다윗의 일이었다(삼상 17:34-35). 다윗은 아버지가 맡기신 양떼를 최선을 다해 지켰고, 목동으로서의 현실에 성실하게 임했던 사람이었다. 그랬기에 블레셋을 향해 나아갈 때도 "여호와께서 나를 사자의 발톱과 곰의 발톱에서 건져 내셨은즉 나를 이 블레셋 사람의 손에서도 건져 내시리이다"(삼상 17:37)라고 하면서 하나님의 군대를 모욕한 할례 없는 골리앗을 향해 돌을 던질 수 있었던 것이다.

베들레헴 들판에서 평범한 목동으로 지낼 때도 다윗은 최선을 다해서 양떼를 지켰다. 하나님 앞에서 인도함을 받기 위해서는 다윗처럼 현실에 최선을 다해야 한다. 하나님은 'step by step', 'day by day'로 인도하신다. 다윗이 블레셋의 골리앗을 물리칠 때 사용했던 것도 양떼를 지킬 때 쓰던 목자의 제구(諸具)와 매끄러운 돌뿐이었다.

하나님은 우리가 현실을 긍정하고 최선을 다할 때 그때그때마다 은사와 능력을 불 일듯 하게 하신다. 오늘 하나님이 내게 주신 것이 무엇인지는 잘 모른다. 그러나 우리들의 내면에 외모와 학력과 가정 환경에 대한 우리의 열등감이 오랫동안 자리잡고 있었다는 것을 알고 있다. 자기를 부끄러워하고 학대하며, 자신의 성장 과정을 숨기려고 한다. 그러나 힘들고 어려운 세월을 살았던 사람들의 삶을 연구해 나가다 보면 이러한 태도들이 창조적인 요소가 될 수 없음을 깨닫게 된다. 인생의 아픔과 시련이 있고 열등의식이 있어도 우리 속에는 하나님의 원본이 있다. 하나님의 형상과 축복의 씨앗이 보존되어 있는 것이다.

가난하고 어려웠던 가정 환경, 마음의 고통과 상처, 자신의 예민하고 소심한 성격, 자신에게 부족한 것 등 자신의 열등감을 구성하고 있던 모든 것이, 하나님이 나에게 주신 소중한 도구임을 깨닫고 그것을 창조적으로 개발해 나가면 된다. 주시지 않은 것에 대해 불평할 필요가 없으며, 은사의 한계 위에서 방황할 필요가 없다. 은사, 성격, 건강, 신체 조건, 독특한 집안 배경에 대해 절대로 부끄러워할 필요가 없다. 그것을 감사함으로 받을 때 오히려 축복이 된다. 나에게도 하나님의 형상이 새겨져 있음을 믿지 않고, 감사하지도 않고, 개발하지도 않기 때문에 힘들게 살아가게 된다. 그러나 누구든지 하나님이 주신 은사에 감사하면서 살아가면 아름답고 빛나는 삶을 살아갈 수 있다. 부끄럽고 자랑할 것이 없던 성장 배경과 환경도 세월이 지나고 보면 인생의 밑천이 된다. 하나님이 나를 부끄러워하지 않으시는데 스스로 부끄러움을 느낄 필요가 없다. 하나님이 나를 사랑하시고 세상 끝 날까지 함께하신다는 것을 믿음으로 받아들이면 부끄러운 조건들이 자신감이 되어 역전의 환희를 맛보게 된다.

어려운 인생을 우리의 힘으로 바꿀 수는 없지만, 내게 주신 하나님의 형상과 이미지는 회복할 수 있다. 신앙을 회복하게 되면 자기를 사랑하게 된다. 생각이 바뀌게 되는 것이다. 내 모습은 옛날이나 지금이나 크게 달라진 것이 없지만, 내 속에 있는 하나님의 형상을 발견함으로써 나를 보는 시각이 변화되고 자신감을 갖게 된다. 하나님은 우리가 빛을 발하고, 하나님의 영광을 가지고 살아가도록 만들어 놓으셨다. 그러므로 열등감을 가지고 나약하게 살아갈 필요가 없다. 우리 속에 하나님의 형상이 있음을 확신하고 내게 주신 믿음과 은사대로 살면 된다. 이런 모습이 가장 자연스러운 우리의 모습이다. 가장 자기다울 때가 가장 자연스러운 것이다.

현대의 많은 사람들은 자신을 사랑하지 않는다. 이기적인 생활 방식을 보면 스스로를 무척 사랑하는 것처럼 보이지만, 그들의 내면에는 자신을 미워하고 부정하는 마음이 있다. 그래서 부모가 된 사람들은 자녀가 자신의 성격과 기질을 닮는 것을 싫어하기도 한다. 그러나 하나님이 내게 주신 것을 감사함으로 받을 때, 자신을 긍정하게 되고 건강한 자기 사랑을 할 수 있게 된다. 하나님은 우리를 창조하실 때 특별한 계획과 놀라운 뜻을 가지고 계셨다. 우리가 그 뜻을 다 이해할 수는 없지만 하나님은 우리를 위한 독특한 코스로 인도하신다. 그것에 대해 불편하게 생각할 필요가 없다. 다른 사람들과는 약간 다른 길로 돌아가게 된다 하더라도 그것이 나에게는 가장 정확한 코스임을 알고 감사하게 받아들이면 된다. 하나님이 우리를 이끄시는 곳으로 가야만 그분의 세밀한 계획과 깊은 사랑을 깨달을 수 있기 때문이다. 주위 사람들과 다르다는 것은 불평의 이유가 되지 않는다. 현재의 자신의 모습을 사랑하는 것이 성경적인 태도이다.

예수 믿는 사람은 매력적인 사람이다. 새 생명이 있으므로 죽어도 삶을 얻는 부활의 존재이다. 부활의 주님을 자신의 주님으로 모신 사람은 영적인 부활을 경험하게 된다. 육적인 생활에서도 말씀대로 지혜롭게 살아야 하며, 더불어 영적인 자신감을 가지고 창조의 원리, 말씀의 원리대로 살아야 한다.

그러나 세상 사람들은 하나님의 궤도를 이탈하였다. 하나님의 창조의 원리에 어긋나게 살아가기 때문에 죄책감과 수치심으로 괴로워하고 허기진 마음을 채우기 위해 향락을 즐긴다. 하나님의 말씀에서 벗어나면 벗어날수록 초조하고 두렵고 죄책감이 생기기 때문에 그것을 감추려고 술을 마시고 세상에 더욱 집착하게 된다. 인간은 하나님의 형상대로 만들어진 존재이기 때문에 하나님의 말씀을 따라 하나님의 축복의 원리대로 살아야 한다. 세상의 방식대로 살면 반드시 사망의 길로 가게 되어 있다.

우리는 인생의 밑바닥을 헤매는 삶을 살 수도 있고, 세상의 빛과 소금으로서 고상한 삶을 살 수도 있다. 이렇듯 우리에게는 인생의 진폭이 있다. 죄가 우리 속에 들어오면서 우리와 하나님 사이를 가로막음으로써 우리로 하여금 원망과 절망과 한탄 속에 살아가게 만들었다. 하나님의 형상을 회복하지 못한다면 계속 그러한 상태로 살아갈 수밖에 없다. 그렇기 때문에 하나님께로 돌아가고 성경으로 돌아가야 한다. 하나님이 우리에게 장착해 놓으신 원본대로 살아야 한다.

설계도대로 건물을 지어야 무너지지 않고, 약도대로 집을 찾아가야 멀리 돌아가지 않고, 처방전대로 약을 지어야 병을 고칠 수가 있다. 가장 성공적인 삶을 사는 사람은 바로 하나님이 주신 원본대로 사는 사람이다. 하나님은 우리가 축복 속에서 멋지고 행복한 삶을 살아갈 수 있게 하는 안전한 지표로써 말씀을 주셨다. 그러므로 말씀과 창조의 원리대로 살아가면 우리 속에 하나님의 형상과 빛이 있기 때문에 영광스럽고 멋진 삶을 살 수 있다.

우리가 사는 이 시대는 가정이 해체되고 정치와 경제가 혼란하고 교실마저도 붕괴되어 모든 것이 심각하게 뒤틀린 역기능적인 시대이다. 그리스도인들도 물질과 세상의 원리에 쉽게 지배당하는 혼돈의 시대인 것이다. 그러나 하나님의 진리를 아는 우리에게는 이 땅을 말씀대로 회복해야 할 책임이 있다. 하나님의 말씀대로 살 때에만 길을 찾을 수 있고 인생의 답을 발견할 수 있기 때문이다.

하나님은 각자를 다르게 만드셨다

하나님은 하나님의 형상대로 사람을 창조하시되 남자와 여자를 만드셨다. 그리고 바다의 고기와 공중의 새와 육축과 기는 것과 땅의 짐승을 종류대로 만드셨다. 하나님은 우리를 국화빵 찍듯이 만드신 것이 아니라 우리를 각자 다르게 만드셨다. 그러나 때로 우리에게 이 '다름'이 문제가 된다. 다르다는 것 때문에 비교 의식이나 열등감, 갈등이 생기게 된다. 인간이 생김새와 성격 등 그 모든 측면에서 차이가 있다는 사실은 하나님의 계획과 미적 감각을 보여 주는 하나의 증거와도 같다. 이것은 불평의 조건이 아니라 감사와 수용의 조건이 되어야 한다. 건강한 사람이란 '다름'을 잘 받아들이는 사람이다. 인간 관계가 원만하다는 것 또한 다른 사람을 잘 이해한다는 뜻으로 해석할 수 있을 것이다. 결혼 생활에 있어서도 부부 싸움의 원인이 되는 심각한 이유 중의 하나가 남녀의 차이를 이해하지 못하는 데서 오는 갈등이다.

존 그레이(John Gray)의 『화성에 온 남자 금성에서 온 여자』라는 책에서도 남자와 여자를 각기 다른 행성에서 온 존재로 비유하고 있는데, 실제로 남자와 여자는 심리적으로나 육체적으로 상당한 차이점을 갖고 있다. 하지만 서로의 차이를 받아들이고 이해하면 이것이 상호 보완되어 시너지 효과를 가져 올 수 있다.

사랑과 용납을 강조하는 교회 안에서도, 여전히 많은 사람들이 자신의 생각과 다른 것을 접할 때 커뮤니케이션에서 충돌을 빚고 있다. 인간 관계의 많은 갈등도 나와 차이가 있는 다른 것을 잘 이해하지 못하거나, 잘 인정하지 못하기 때문에 생긴다. 그러나 하나님이 처음부터 우리를 각자 다르게 만드셨기 때문에 서로간에 차이가 있는 것은 너무나 당연한 일이라 할 수 있다. 하나님은 풍성한 분이시므로 모든 '다름'을 포용하신다. '다름'을 아름답게 여기고 사랑하는 것이 바로 선교의 원리이다. 한 걸음만 물러서면 이해할 수 있게 된다. 다른 것은 다른 것대로 감사하게 받아들이면 된다. 부부 사이에, 이웃간에, 직장 상사와 동료 간에 맞지 않는 부분이 있는 것을 당연하다고 인정하면 된다. 나와 정서가 다르고 기질이 다른 사람을 이해할 때 기꺼이 불편함을 감수하게 된다.

하나님의 본심은 우리가 모든 상황을 다스리며 사는 것이다

구약성경에 나오는 요셉은 가는 곳마다 잘 적응할 줄 아는 사람이었다. 요셉의 친화력은 누구보다도 탁월하였다. 보디발의 집에 노예로 있을 때에도 잘 적응하였고, 감옥이라는 열악한 환경에서도 잘 적응하였다. 요셉은 어떤 환경에서든지 자신의 자리를 찾아냈고 주어진 일에 최선을 다했다. 예수 믿는 사람은 이처럼 어느 곳에 가든지, 어떤 환경에 처하든지 잘 적응할 수 있어야 한다. 어떠한 조건하에 있더라도 하나님이 인도하신 것을 믿으며 그 현실을 잘 감당하는 것이 그리스도인의 마땅한 태도이다. 불편함도 감사하게 받아들일 때 그 불편은 우리에게 더 이상 장애가 되지 못한다.

하나님의 본심은 우리에게 복을 주셔서 우리가 생육하고 번성하여 충만하며 이 땅을 정복하고 다스리는 것에 있다. 그러나 때로 우리는 하나님의 본심을 잊어버릴 때가 있다. 하나님은 우리에게 명령을 주실 때 그것을 지킬 수 있는 능력도 같이 주시는 분이다. 하나님은 우리가 세상을 정복하기를 원하시며, 시간과 물질과 질병을 다스리며 살아가기를 바라신다. 그러므로 세상을 살아가면서 당하게 되는 일을 두려워해서는 안 된다. 우리를 향하신 하나님의 본심이 무엇인지 잘 알아야 한다.

우리를 향한 하나님의 본심과 무관하게 우리는 시간에 쫓기고 나약해지고 허겁지겁한 삶을 살고 강박적인 사고를 한다. 그러나 그런 연약함 속에서 우리는 인생을 만드신 하나님의 본심을 기억해야 한다. 그 명령을 붙잡고 순종해야 한다. 하나님은 이미 우리에게 번성과 다스림의 자질을 허락하셨고 때에 따라 능력을 더하신다. 그러므로 리더십을 발휘하여 세상을 정복하는 하나님의 강한 용사가 되어야 한다.

하나님의 형상을 회복하면 새롭게 변화될 수 있다. 하나님이 우리를 만드신 의도를 알고 그 계획대로 살아갈 때 고통 중에서도 춤출 수 있으며 모든 환경을 역전시킬 수 있다. 하나님의 원본을 찾아가면 우리를 위해 예비하신 하나님의 은혜의 길을 발견할 수 있다. 하나님의 형상을 따라 하나님의 모양대로 만든 우리의 원본을 회복하여 우리로 인해 가정과 교회와 사회와 민족이 축복을 받는 믿음의 은혜가 임하기를 바란다.

하나님의 은사를 불 일듯 하게 하라

"그러므로 내가 나의 안수함으로 네 속에 있는 하나님의 은사를 다시 불 일듯 하게 하기 위하여 너로 생각하게 하노니 하나님이 우리에게 주신 것은 두려워하는 마음이 아니요 오직 능력과 사랑과 근신하는 마음이니 그러므로 네가 우리 주의 증거와 또는 주를 위하여 갇힌 자 된 나를 부끄러워 말고 오직 하나님의 능력을 좇아 복음과 함께 고난을 받으라."(딤후 1: 6-8)

이 세상을 살아갈 때 우리는 어떤 근거에 의해서 생각하고 말하고 행동하는가? 이 세상을 후회 없이 힘있게 살아가려면 삶의 근거가 필요하다. 이에 필요한 요소가 디모데후서 1장 6절에서 8절까지의 말씀에 잘 나타나 있다. 2절에 보면 "사랑하는 아들 디모데에게 편지하노니"라고 되어 있듯이 본문의 말씀은 바울이 디모데에게 보낸 서신의 일부이다. 디모데의 외할머니와 어머니는 믿음의 사람들이었으며(딤후 1:5), 디모데도 어렸을 때부터 성경으로 훈련을 받아 왔다(딤후 3:15). 그는 복음을 전하는 일에 부름을 받은 바울의 젊은 동역자였으나 병약하고 소심한 사람이었다.

디모데가 사역하던 에베소 지역은 타락한 유대주의와 영지주의, 거짓 금욕주의로 물들어 있었고, 이 혼합된 이단들에 의해 하나님의 교회가 계속적으로 공격을 당하고 있었다. 시대적으로도 기독교에 대한 네로 황제의 박해가 극에 달해 있던 시기였기 때문에 디모데의 사역에는 많은 어려움이 따랐다. 디모데의 사역 시기뿐만 아니라 사역 장소도 좋지 못했기 때문에, 믿음의 아버지요 믿음의 스승인 바울은 디모데를 위로하고 격려하는 것이 필요하다고 생각했던 것이다. 사역의 중요성에 비하여 몸과 마음이 약했던 디모데를 향해 사도 바울은 성령의 감동으로 이 본문의 말씀을 전했다.

로마에서 두 번째로 감옥에 갇히게 된 바울은 자신의 사역이 이제 완성되었고 자신의 생애가 거의 끝나가고 있음을 알았다. 그래서 바울은 자신의 뒤를 이어 초대교회의 중요한 지도자로 서게 될 디모데를 어떻게 도울 수 있을지 늘 염려했다. 기독교에 대한 박해가 심하던 그 시대에 주님의 복음을 계속 전하는 것에 어려움을 느끼는 나약한 디모데에게 믿음의 본질을 다시 상기시키면서, 바울은 유언을 남기는 심정으로 신앙의 아들 디모데를 격려하고 있다. 우리는 이 본문을 통해 담대하게 이 세상을 살아갈 수 있는 해답을 발견할 수 있다.

네 속에 하나님의 은사가 있다

바울은 우리 속에 하나님의 은사가 있다고 말한다. 우리가 이 세상을 살아갈 때 가장 먼저 기억해야 하는 것은 하나님이 우리를 이 세상에 그냥 보내신 것이 아니라 우리 속에 하나님의 은사를 주셨다는 사실이다. 은사란 재주나 능력을 뜻하는 것이며, 대가없이 주어진 하나님의 선물이다. 하나님께서는 이 세상을 살아가는 데 필요한 능력과 은사를 주시고 사람을 세우신 것이다.

어떤 사람들은 현대 그룹의 창업자였던 故정주영 회장을 일컬어 무(無)에서 유(有)를 창조한 사람이라고 말하기도 한다. 그는 소학교밖에 나오지 못했지만 소를 판 돈 몇십만 원으로 시작하여 거부가 되었을 뿐만 아니라 수십 개의 계열 회사를 거느린 대그룹을 창설하였다. 그러나 무(無)에서 유(有)를 창조하였다는 평가는 옳은 것이 아니다. 정주영 씨는 무(無)에서 유(有)를 창조한 것이 아니고 유(有)에서 유(有)를 창조한 것이다. 그의 건강이나 배짱, 저돌성은 스스로의 힘에 의해서만 갖추어진 것이 아니다. 그의 체질과 기질과 성격 속에는 이미 하나님께서 주신 은사가 녹아 있었던 것이다. 우리가 이 세상을 살아갈 때 가장 먼저 기억해야 할 것은, 우리가 순전히 자신의 노력에 의해서만 인생을 개척해야 하는 것이 아니라 하나님의 은사가 우리를 세우고 일으킨다는 사실이다.

성공하는 사람들은 은사대로 사는 사람들이다. 노래를 잘 하는 사람이 있는가 하면, 공부를 잘 하는 사람, 사업을 잘 하는 사람 등 각각 사람들마다 그 은사가 다르다. 이렇게 우리 속에는 하나님이 주신 자신만의 은사가 있다. 어떤 사람들은 이것을 두고 하나님께서 몸이라는 기계 속에 은사라는 고성능 엔진을 이미 장착해 놓으신 것과 같다고 비유하기도 한다. 컴퓨터로 말하면 하드웨어가 이미 다 깔려 있는 상태라고 볼 수 있는 것이다.

그래서 정주영 씨의 경우처럼 배운 것이 많지 않다 하더라도 자신의 은사를 발견하고 그것을 잘 개발해서 소신껏 밀고 나가는 사람은 성공하는 삶을 살게 되는 것이다. 다른 사람과 비교하고 시대와 환경을 탓하며 원망과 변명에 익숙해진 사람들은 늘 실패하는 삶을 경험할 뿐이다. 그러므로 우리가 첫번째로 기억해야 할 놀라운 사실은 우리 속에 하나님의 은사가 있다는 것이다.

하나님은 공평한 분이시기 때문에 은사를 편파적으로 주시지 않는다. 뇌성마비를 앓는 송명희 시인은 '나' 라는 시를 통해 하나님의 공평하신 성품을 노래하고 있다.

나 남이 가진 재물 없으나, 나 남이 가진 지식 없으나
나 남에게 있는 건강 있지 않으나, 나 남이 없는 것 있으니
나 남이 못 본 것을 보았고, 나 남이 듣지 못한 음성 들었고
나 남이 받지 못한 사랑 받았고, 나 남이 모르는 것 깨달았네
공평하신 하나님이 나 남이 가진 것 나 없지만
공평하신 하나님이 나 남이 없는 것 갖게 하셨네

그녀는 뇌성마비 지체 장애자이기 때문에 휠체어가 없으면 단 1미터도 움직일 수 없고, 다른 사람의 도움 없이는 생활이 거의 불가능할 뿐만 아니라 어머니가 옆에서 통역해 주지 않으면 다른 사

람과 의사소통하는 것도 쉽지 않다. 사지가 뒤틀리고 평범치 못한 외모를 가졌지만, 그녀는 이 시를 통해 하나님이 공평하신 분이라고 노래하고 있다. 어려운 환경 가운데 있는 송명희 시인이 하나님을 공평하신 분으로 생각했다면, 어쩌면 우리는 하나님으로부터 넘치는 복을 받은 사람들인지도 모른다. 우리에게 주어진 엄청난 축복을 인식하지 못하고 있을 뿐이다. 이러한 사실을 알고 나면 그 누구도 남의 눈치를 보면서 스트레스를 받거나 끌려가는 인생을 살지는 않을 것이다.

사람은 본래 하나님의 형상과 하나님의 모양을 따라 만들어진 존재이다. 창세기에도 나와 있듯이 하나님의 본심은 사람이 생육하고 번성하고 충만하고 다스리는 존재가 되는 데 있다. 그러므로 신앙의 세계에 들어가 하나님을 믿고 자기를 받아들이는 사람은 하나님께서 나를 사랑하신다는 것과 나를 통해서 영광을 받으신다는 것을 확신하는 사람이다. 하나님께서 내 속에 이미 은사와 재주를 주셨다는 것을 믿고 그것을 잘 캐내어서 그 은사대로 살아가는 사람은 나름대로 성공적인 삶을 이룰 수 있는 것이다. 이 원칙에는 누구든지 예외가 없다.

굼벵이도 구르는 재주가 있다는 옛말이 있듯이 사람에게는 누구나 고유한 장점이 있다. 더러 '나는 재주가 없다'고 말하는 사람들이 있는데 재주가 없는 것도 때로 재주일 수 있다. 재주가 많다고 해서 반드시 좋은 것만은 아니다. 우리가 흔히 부러워하는 머리 좋고 잘생긴 사람들이 더 나은 삶을 산다는 법은 없다. 교도소에 머리 좋은 사람들이 많이 모여 있고, 술집에 예쁜 여자들이 많이 모여 있기 마련이다. 요즘은 개성 시대이기 때문에 무조건

객관적으로 화려한 것보다는 자신만의 개성이 있어야 한다. 장사를 하든 무엇을 하든 간에 개성을 가지고 다른 사람이 할 수 없는 일을 하면 되는 것이다.

연세대학교와 명지대학교에서 총장을 역임했던 송자 박사는 『한 가지라도 똑 부러지면 되는 거요』라는 책을 썼는데, 그 제목에서도 알 수 있듯이 한 가지만이라도 잘 하면 되는 것이다. 대체로 메뉴가 많이 적혀 있는 음식점은 특별히 잘 하는 음식이 없는 경우가 많다. 종류가 많은 음식을 만들어 내다 보면 아무래도 맛의 질이 떨어지게 되어 있다. 그래서 한두 가지 메뉴만 전문으로 하는 음식점이 솜씨가 좋고 많은 사람을 끌어 모으게 되는 것이다.

송명희 시인이 노래한 것처럼 하나님은 공평하신 분이시기 때문에 우리들 각자에게 맞는 은사를 주셨으나 대부분의 사람들은 이것을 무시하고 살아간다. 하나님이 주신 은사대로가 아니라 자신의 IQ나, 자신의 지식이나, 자신의 재주를 이용해서 살아가려고 노력하는 사람들이 많이 있다. 그러나 머리가 좋다고 해서, 재주가 많다고 해서 잘 사는 것은 아니다. 하나님이 개입하지 않으시면 우리가 가진 힘과 지식을 온전하게 사용할 수가 없다.

어떤 면에서는 부족한 것이 더 나을 수도 있다. 과한 것, 지나친 것은 모자라는 것보다 못하다. 그럼에도 불구하고 사람들은 더 가지려고 하고 서로 비교하며 다른 사람들을 무시하거나 판단하면서 살아간다. 그러나 사도 바울은 연약한 디모데를 향하여 '네 속에도 하나님의 은사가 있다' 고 가르치고 있다. 다른 사람을 의식하거나 비교하지 말고 하나님이 각자에게 주신 은사와 능력을 가지고 살아가면 되는 것이다.

흔히 한국 사람들을 일컬어 한(恨)이 많은 민족이라고 한다. 한(恨)의 종류만 해도 8만 4천 가지나 된다. 지방마다 마을마다 사연과 곡절 없는 곳이 없다. 우리 민족이 국가의 틀을 갖추어 살면서부터 천여 회에 걸쳐 외부로부터 크고 작은 침략을 받아 왔기 때문에, 시시때때로 남자들은 전쟁에 끌려나가 죽거나 병신이 되어서 돌아오고, 포로로 끌려가거나 노예로 팔려갔다. 전쟁이 끝나고 나면 사는 곳도 황폐화되기 마련이었다. 또한 외부 침략뿐 아니라 내부 반란도 많아 같은 민족 간에도 수많은 전투가 벌어졌고, 조정의 관리들이 서민들로부터 온갖 세금을 거둬들이는 폭정이 난무하였다. 소수의 지도층은 부를 축적했지만 대다수의 백성들은 농사를 지으면서 고달프게 살아갔다. 먹을 것과 입을 것이 부족했으며 제대로 발 뻗고 잘 공간도 부족했다. 그러다 보니 하루하루가 괴로움의 연속일 수밖에 없었다. 이러한 혼란 속에서 한(恨)이라는 것이 민족의 내면에 쌓여 왔던 것이다.

한(恨)이 많다는 것은 상처가 많은 것을 의미한다. 상처가 많은 사람은 정상적인 가정 생활, 정상적인 직장 생활을 하기가 어렵고 교회 생활에서도 어려움을 느낄 때가 많다. 마음속에 아픔과 상처가 많은 사람은 다른 사람이 하는 말에도 쉽게 상처를 받는다. 콤플렉스를 건드리면 좌절이나 분노가 생기기도 한다.

아버지가 알코올 중독자이거나 상습적으로 폭력을 행사하는 역기능 가정에서 자란 여성들은 성인이 되어 결혼을 해도 정상적인 부부 생활을 하기가 어렵다. 남편이 늦게 들어오면 과거의 아버지를 떠올리며 남편의 행동을 의심하게 되고, 남편의 일거수일투족을 아버지의 행동과 비교해서 판단하는 경우가 많은 것이다. 서로 사랑하고 이해하고 대화해야 할 부부 관계가 의심하고 불신하는 관계로 변하게 된다. 이와 같이 자신의 마음속에 어두움과 상처가 많으면 다른 사람들을 불신하게 된다. 그런데 한국 사람들의 정서는 대체로 이러한 어두운 경향을 띤다.

상처와 아픔이 많은 사람들은 누군가가 무심코 내뱉은 말에도 열등의식을 느끼고 서글픈 생각을 하거나 상대방이 자신을 무시하고 업신여긴다고 생각하게 된다. 이런 면에서 한(恨)이 많다는 것은 상처가 많다는 뜻이기도 하다. 우리 조상들이 좋아했던 판소리에서도 우울하고 구성진 가락이 주류를 이룬다. 판소리의 내용은 주로 서민들의 현실적인 생활을 나타내고 있기 때문에 서민들의 슬픔과 기쁨 그리고 염원이 잘 드러나 있다. 휘몰아치면서 꺾는 가락은 가슴에 맺힌 한을 훑어 주는 것처럼 느껴지기도 한다.

한국 사람들은 또한 정(情)이 많은 민족이다. 정(情)이 많다는 것은 감정이 풍부하다는 뜻이기도 한데, 우리의 감정 속에는 행복이나 사랑과 같은 밝은 정서보다는 상처와 서러움, 부끄러움과 같은 어두운 정서가 더 많다. 죄책감, 열등감, 수치감, 패배감이 더 많은 것이다. 이런 부정적인 감정이 많은 사람들은 자신감이 없고 우울해지기 쉬우며 달팽이처럼 속으로만 기어 들어간다.

그러나 우리는 본래 하나님의 형상대로 만들어진 존재이다. 하나님은 우리를 만드실 때 부족한 모습으로 살아가게 하신 것이 아니라, 시간과 물질과 인간 관계를 다스리며 승리하는 삶을 살도록 하셨다. 그러므로 이런 사실을 믿고 깨닫는 가운데 살아가는 것이 매우 중요하다.

근본적으로 우리는 어떤 근거에 의해 살아가야 하는가? 하나님께서 사도 바울을 통해 디모데에게 주신 말씀처럼 '우리 속에 하나님의 은사가 있다'는 것을 늘 기억해야 한다. 이것이 우리의 근거가 되기 때문이다. 하나님은 떳떳하고 당당하며 다른 사람들에게 존경받으면서 살아갈 수 있는 근거를 이미 우리 모두에게 허락하셨다.

미국의 심리학자이며 통계학자인 길포드(J. P. Guilford, 1897-1988)에 의하면 사람은 133가지의 은사를 가지고 태어난다고 하였다. 그러므로 자기 속에 있는 은사를 찾아 개발시켜 나가면 나중 된 자가 먼저 되는 경우를 경험할 수 있다.

하나님은 반드시 우리가 살아가는 데 필요한 만큼의 은사를 주시는 분이시다. '하나님의 은사와 부르심에는 후회하심이 없다'(롬 11:29)라고 한 로마서의 말씀처럼 하나님은 나를 창조하신 것과 나를 부르신 것을 결코 후회하지 않으신다. 그러나 우리는 여전히 부끄럽고 숨기고 싶은 것이 많다. 사람들의 삶을 들여다보면 열등의식과 한(恨)이 많은 것을 발견할 수 있다.

대학에서 교목을 지내던 시절에 학생들과 상담을 하면서 가장 안타까웠던 점은 그들 속에 열등의식이 많고 대부분 자기 자신과 가정 환경에 대해 부끄러워하며 숨기고 싶어한다는 것이었다. 열등감이 많은 사람들은 상처를 잘 받기 때문에 결혼 생활이나 직장 생활, 교회 생활을 할 때 섬기고 사랑하는 일을 정상적으로 감당할 수가 없다.

이런 부분에서 우리가 가장 먼저 생각해야 할 것은 우리 속에 은사와 능력이 공평하게 주어졌음을 인정하는 것이다. 은사가 없는 사람은 없다. 하나님이 나를 부끄러워하시지 않으므로 우리도 부끄러워할 필요가 없는 것이다. 세상 사람들은 비교하면서 살아가지만 예수 믿는 사람들은 비교하면서 살아갈 필요가 없다. 하나님이 주신 은사대로 충성스럽게 살아가면 되는 것이다.

"하나님의 지으신 모든 것이 선하매 감사함으로 받으면 버릴 것이 없나니 하나님의 말씀과 기도로 거룩하여짐이니라"(딤전 4:4)라는 말씀처럼 하나님이 주신 것을 감사함으로 받으면 모든 것이 감사의 조건이 된다.

나는 성격이 소심한 편이다. 그래서 옛날에는 소심하다거나 쩨쩨하다는 말을 들으면 기분이 좋지 않았다. 그 이유는 실제로 내가 그러한 사람이었기 때문이고, 그러한 평가 속에 '남자로서 대담하지 못하다', '겁이 많다', '시시하고 신통치 않다', '인색하다'라는 뜻이 들어 있다고 생각했기 때문이다. 그런데 지금은 그런 말을 들어도 기분이 나쁘지 않다. 왜냐하면 소심한 성격은 내가 원해서 갖게 된 것이 아니라 하나님께서 본래 나에게 주신 성격이라는 것을 알았기 때문이다. 소심한 성격은 객관적으로 볼 때 좋은 성격이 아닐 수도 있으나 목회자로서 하나님의 말씀을 연구하고 묵상하는 데 있어서는 더 유리할 때가 있다. 성경 구절 하나도 놓치지 않고 성경 사전을 찾아서 확인하고 곱씹어 보고 묵상하다 보니 하나님의 말씀이 내 안에 풍성하여지고, 그 때문에 성경 구절 하나 하나가 설교 제목이 되어 여러모로 내게 도움을 주기도 하기 때문이다. 목회자에게는 성도의 얼굴만 보아도 영적인 상태를 파악할 수 있는 예민하고 섬세한 감각이 필요하기 때문에, 소심한 성격도 하나님이 나에게 주신 장점으로 생각하고 감사함으로 받아들이면 좋은 장점이 될 수 있는 것이다.

대범한 사람은 대범한 대로 살아가면 되고 소심한 사람은 소심한 대로 살아가면 되는 것이다. 그런데 우리는 자주 남들과 비교하며 자신을 부끄러워하고 다른 사람이 가진 것만 부러워하기 때문에 자신감을 상실하게 되고 열등감과 비교의식 속에서 살아가게 된다. 한국적인 것이 가장 세계적이라는 말도 있듯이 자기다운 것이 가장 세계적인 것이 된다는 의식으로 살아가야 한다. 그러므로 자신을 사랑하는 것은 매우 중요한 일이다.

구약 시대에 하나님은 이스라엘 백성들과 언약을 맺는 상황에서 율법을 주셨다. 이스라엘 백성을 정의롭게 하고 하나님을 예배하는 공동체로 세우고 보존하기 위한 목적에서 주어진 613가지 율법을 신약 시대에 하나님의 말씀으로 요약하여 정리한 것이 하나님을 사랑하고 이웃을 사랑하라는 말씀이다(마 22:37-40). 그러나 이웃을 사랑하기 이전에 더 중요한 것은 나 자신을 사랑하는 일이다. 예수님은 우리에게 "네 이웃을 네 몸과 같이 사랑하라"고 말씀하셨다. 이웃을 사랑하는 데 있어서 '네 몸과 같이'라는 단서가 붙는 이유는 자기 자신도 사랑하지 못하는 사람이 이웃을 사랑할 수는 없기 때문이다.

나의 외모나 능력이 다른 사람에 비해 뒤떨어질지라도 먼저 하나님이 주신 자신의 모습에 대해 감사할 줄 알아야 한다. 하나님이 나에게 주신 것에 대해 감사하게 생각하고 또 자신의 모습을 사랑하고 수용할 때, 이웃과도 원만하고 좋은 관계가 회복되어 사랑하는 마음이 풍성해질 수 있다. 늘 다른 사람을 부러워하기만 하고 자신의 모습, 능력, 환경에 대해 열등의식을 갖고 있으면 이

옷을 사랑할 수가 없으며 그런 사람을 통해서는 하나님이 영광을 받으실 수가 없는 것이다.

그러므로 나의 몸을 아끼고 사랑하는 것은 중요한 일이다. 자기만 사랑하는 것은 이기적인 태도이지만 하나님이 만드신 자기를 사랑하는 것은 성경적이다. 이런 면에서 지나치지만 않다면 왕자병, 공주병도 나쁘지 않다고 할 수 있다. 대부분의 사람들은 자기를 부끄러워하는 경향이 많다. 그러나 그럴 필요가 없다. 하나님께서 나에게 주신 은사가 있음을 믿고 당당하고 담대하게 살아가야 한다. 하나님은 우리에게 허락하시는 것이 있고 그렇지 않은 것이 있다. 하나님이 주시지 않으신 것에는 집착하지 말고 하나님이 주신 것에 만족하며 살아가면 되는 것이다.

사람의 성격에도 차이가 있다. 활달한 외향적 성격을 가진 사람들이 있고, 조용하고 차분한 내향적 성격을 가진 사람들이 있다. 외향적 성격이란 관심이나 주의가 항상 외부로 향하고 있는 것으로 이러한 성격을 가진 사람들은 밝고 개방적이며 행동력이 있다. 또한 사람을 만나는 것을 좋아하고 사건이 있는 곳에 있기를 좋아한다. 외향적인 사람들은 외부의 자극에서 힘을 얻으며 혼자 있으면 힘이 빠질 때가 많다. 사교적이고 수다스러워서 간혹 말이 많다는 이야기를 듣기도 한다. 반면에 내향적인 성격이란 관심이나 주의가 항상 내부로 향하고 있는 것으로 내면 세계를 좋아하고 혼자 있는 것을 즐기고, 혼자 있는 시간을 통해 힘을 얻는다. 내향적인 성격의 사람들은 외부 세계와 공적인 활동에 동참하는 경우 쉽게 피로감을 느끼고 조용하고 차분한 자리로 빠져 나오고 싶어한다.

이와 같이 사람의 성격에도 차이에 따른 특색이 있기 때문에 다른 사람의 성격을 막연히 부러워할 것이 아니라 하나님이 주신 성격의 장점을 개발하며 살아가면 되는 것이다. 교회 활동에 있어서 외향적인 성격의 사람들은 교인들을 심방하고 앞에서 봉사하는 활동적인 일을 찾아서 할 수 있고, 내향적인 성격의 사람들은 조용하게 섬길 수 있는 일을 찾아서 봉사할 수 있다. 내가 갖지 못한 것에 대해 포기하면, 하나님이 내게 주신 것이 보이게 된다.

옛말에 '산 좋고 물 좋고 정자 좋은 곳은 없다' 라는 말이 있다. 산이 좋으면 물이 없고, 물이 있으면 정자가 없는 등 모든 것이 완벽하게 갖추어진 곳은 없다는 뜻이다. 사람의 경우도 마찬가지이다. 하나님은 모든 인간에게 모든 조건을 똑같이 나누어 주시지 않았다. 다른 사람이 가진 것이 나에게 없을 수 있고, 나에게 있는 것이 다른 사람에게 없을 수도 있다. 똑같지는 않지만 그분의 뜻과 기준대로 공평하게 나누셨다는 것을 신뢰하고, 하나님이 나에게 주신 것을 감사히 여기면 된다. 사람이 잘 하는 일을 하게 될 때는 자신감이 생기지만, 못하는 것에 욕심을 내어 억지로 하게 되면 갈등과 불만만 커질 뿐이다.

자신감이란 어디서 나오는 것인가? 하나님이 나를 사랑하시고 하나님께서 나에게 은사와 능력을 주셨다는 것을 믿는 신앙 안에서 자신감이 생기게 되는 것이다. 성경에 나오는 위대한 사람들은 모두 이렇게 살아간 사람들이다. 하나님께서 귀하게 사용하셨던 성경 속의 인물들을 보면, 그들이 태어날 때부터 비범한 데가 있었다기보다는 하나님께서 귀하게 사용하셨기 때문에 결과적으로 위대한 사람이 되었다는 것을 알 수 있다. 그러므로 하나님이 주신 은사대로 살아가는 삶의 축복이 우리에게 부어지기를 구해야 한다.

기독교 역사를 살펴볼 때 사도 바울이 예수님 다음으로 위대한 사람이었다고 해도 지나치지 않을 것이다. 신약성경의 많은 부분을 기록한 사도 바울 없이는 기독교를 이해할 수가 없기 때문이다. 그러나 그 위대한 사도 바울도 많은 약점을 가진 사람이었다는 것을 성경 곳곳에서 찾아볼 수 있다.

선교사의 원조라고 할 수 있는 사도 바울도 만일 지금 이 시대에 선교사로 지원했다면 서류심사에서 1차로 탈락했을지도 모른다. 왜냐 하면 그는 아무리 기도해도 낫지 않는 육체의 가시(고후 12:7), 즉 지병을 가진 사람이었으며 안질 때문에 편지를 대필시켜야 할 정도로 건강이 좋지 못했다(롬 16:22). 성격도 원만하지 못하여 최초의 선교 동역자였던 바나바와 심히 다투어 피차 갈라섰으며(행 15:39), 직설적인 언사로 유대인들의 반발심을 자극하는 일이 많아 순회하며 전도하는 지역마다 쫓겨났을 뿐 아니라(행 13:50; 14:2,5; 17:5-6), 감옥에 갇히는 일도 다반사였다(행 16:23, 엡 3:1, 빌 1:7, 골 4:10, 딤후 1:16, 몬1:9). 또한 사도 바울이 드로아에서 강론할 때 유두고라 하는 청년이 창에 걸터앉아서 졸다가 강론이 길어지자 졸음을 이기지 못하고 3층에서 떨어져 죽었다는 것(행 20:9)을 보면 혹시 그의 강론이 지루했던 것이 아닐까 짐작할 수 있다. 고린도후서에서 스스로 '말에는 졸하다'라고 표현하고 있듯이(고후 11:6) 지식이 풍부하여 글은 잘 썼지만 말의 은사는 받지 못했음을 알 수 있다.

그럼에도 불구하고 바울이 "너희는 나를 본받는 자 되라"(고전

11:1), "내게 능력 주시는 자 안에서 내가 모든 것을 할 수 있느니라"(빌 4:13), "내가 비천에 처할 줄도 알고 풍부에 처할 줄도 알아 모든 일에 배부르며 배고픔과 풍부와 궁핍에도 일체의 비결을 배웠노라"(빌 4:12), "하나님이 의롭다 하신 이를 누가 정죄하리요"(롬 8:33-34) 등 이렇게 확신에 찬 말을 할 수 있었던 것은 그가 하나님이 어떤 분이신지를 분명히 알았고 하나님과 자기 사이의 관계에서 안정감과 확신을 누렸기 때문이었다.

사도 바울은 예수님의 제자들처럼 예수님의 공생애에 함께하지 않았고 다메섹 도상에서 환상 중에 예수님을 만난 것뿐이었으나(행 9:1-9), 훼방자요 핍박자요 포행자였던(딤전 1:13) 사도 바울을 하나님이 사용하실 때 이방의 사도가 되고 유익한 자가 될 수 있었던 것이다. 하나님이 사용하시면 누구나 이런 능력 있는 사역을 할 수 있다. 은사의 많고 적음이 문제되는 것이 아니다.

예수님의 수제자였던 베드로도 좌충우돌하는 다혈질의 사람이었다. 베드로는 예수님이 겟세마네 동산에서 "시험에 들지 않게 깨어 있어 기도하라"고 말씀하실 때에도 졸음을 이기지 못하여 자고 있었으며(마 26:36-41), 기도를 마치신 예수님께서 "일어나라 함께 가자 보라 나를 파는 자가 가까이 왔느니라"(마 26:46)고 말씀하실 때 예수를 팔고자 했던 유다와 큰 무리가 검과 몽치를 가지고 예수님을 잡으러 오자 흥분하여 검으로 대제사장의 종을 쳐 그 귀를 떨어뜨렸다(마 26:51). 최후의 만찬시에 예수님이 "너희가 다 나를 버리리라 이는 기록된 바 내가 목자를 치니 양들이 흩어지리라 하였느니라"(막 14:27)라고 말씀하셨을 때에도 베드로는 "내가 주와 함께 죽을지언정 주를 부인하지 않겠나이다"(막 14:31)라고 호언장담하였으나 예수님이 잡히시던 날 밤 대제사장의 집 뜰에서는 예수님을 모른다고 하였으며, 작은 계집종 앞에서 예수님을 저주하며 맹세하면서까지 "너희의 말하는 이 사람을 알지 못하노라"(막 14:66-71)라고 극구 부인하였다. 또한 예수님께서 그를 제자로 선택하실 때 사람 낚는 어부가 되게 하리라는 약속의 말씀을 주셨으나(마 4:19), 예수님이 십자가에 못 박혀 돌아가시자 낙담하여 그 약속을 인내로써 기다리지 못하고 다시 어부의 생활로 돌아가려 했다(요 21:3). 그뿐 아니라 물고기를 잡던 중 예수님이 나타나셨다는 말을 듣고 바다로 뛰어 내리는(요 21:7) 격정적인 성격의 소유자였다. 인격적으로나 지식적으로나 예수님의 제자가 될 조건을 도무지 갖추지 못한 베드로였으나 부활하신 예수님께서는 실패한 베드로를 찾아와 "네가 나를 사랑하느냐 … 내 양을 먹이라"(요 21:15-17)고 말씀하시며, 예수님을 세 번씩이나 부인했던 그를 끝까지 사랑하시고 회복시켜 주셨다.

이처럼 혈기 있고 격정적이며 좌충우돌하는 나약한 베드로가 성령의 강권적 인도하심에 의해 연단되고 오순절 성령의 충만함을 받은 후에 담대함을 얻어 그가 복음을 전파할 때 회개하여 세례를 받는 사람의 수가 3천 명이나 더하는 놀라운 역사가 일어나기도 하였다(행 2:41). 그 당시의 예루살렘 시민의 수가 2만 명이었다는 기록을 볼 때 베드로의 설교를 들은 사람 중 3천 명이 회개하였다는 것은 보통 사람의 능력으로는 이룰 수가 없는 일이라 할 수 있다. 무식한 어부였던 베드로였으나 성령 하나님이 기름 부어 사용하실 때 놀라운 능력의 소유자로 변할 수 있었으며 하나님이 포기하시지 않고 끝까지 붙들어 사용하셨기에 예수님의 수

제자가 될 수 있었던 것이다.

성경에 나오는 다른 위대한 인물들의 쓰임도 마찬가지이다. 그들이 탁월한 은사를 가지고 있었기 때문에 위대하게 쓰임받은 것이 아니라, 약하고 미련한 자들이었지만 하나님의 택하심과 사용하심을 통해 위대한 인물들이 될 수 있었다.

하나님은 우리 모두에게 은사와 능력을 주셨으므로 하나님이 주신 것을 감사하고 자기 자신을 사랑해야 한다. 자기에게 주어진 환경, 배경, 외모, 성격을 있는 그대로 사랑할 때 거기서부터 하나님의 영광과 축복의 역사가 일어나는 것이다. 하나님은 각 사람에게 나눠 주신 것을 통해 역사하고자 하시지만 우리가 자신을 사랑하지 못하고 다른 사람과 비교하며 계속 열등의식 속에서 살아간다면 우리를 쓰실 수가 없디. 내 속에도 축복의 씨앗과 능력의 근거가 있음을 기억해야 하고 하나님이 나에게도 당당하고 멋지게 살아갈 수 있는 능력과 은사를 주셨음을 기억해야 한다.

상처가 많으면 부자라는 말이 있다. 세상 사람들은 상처가 많을수록 한(恨)이 맺히고 열등의식에 사로잡혀 인생을 포기하거나 비관하면서 어둡게 살아갈 수밖에 없으나, 예수 믿는 사람들은 끔찍하고 수치스러운 일을 당하더라도 그것을 계기로 더 기도에 힘쓰게 되고 상처에 대한 답을 얻기 위해 말씀을 더 가까이 하여 놀라운 치유를 경험하게 된다. 그리고 이같은 경험을 잘 내면화한다면 자신과 비슷한 상처를 가진 사람들을 따뜻하게 위로하고 상담할 수 있게 되므로 치유자로서의 삶도 살아갈 수 있는 것이다. 예수 믿는 사람들에게는 상처마저도 간증의 제목이 된다.

그러므로 하나님 앞에서 부끄러워할 것은 아무것도 없다. 부끄러워하거나 서러워하거나 미워할 필요가 없는 것이다. 세월이 지나고 나면 무섭고 끔찍했던 순간도, 놀라고 부끄러웠던 순간도 우리의 영적 성숙에 대한 간증이 된다. 그러므로 상처가 많은 사람이 부자라는 말은 바로 이런 뜻이다. 근본적으로 변화를 받고 그때 도우셨던 하나님, 그때 고쳐 주셨던 하나님, 부끄럽고 수치스러운 상황에서도 함께하셨던 하나님이 오늘도 함께하시므로 자신감을 가지고 담대하게 살아갈 수 있는 것이다.

어떠한 상황에서도 늘 감사함으로 살아가고 하나님이 나에게 주신 은사가 있음을 명심해야 한다. 자신을 부끄러워하지도 말고 다른 사람을 부러워하지도 말아야 한다. 우리가 이 땅을 살아가는 근거로서 하나님이 우리에게 주신 은사가 있음을 깨달아 그것을 찾고 붙들면 되는 것이다.

은사를 다시 불 일듯 하게 하라

'불 일듯 하게 하다' 라는 말은 성령의 일하심에 대한 말씀이다. 성경은 성령이 불같이 임하신다고 기록하고 있다. 초대교회 때에도 오순절에 성령이 마치 불의 혀와 같이 임하였다고 되어 있다 (행 2:3). 하나님의 은사를 다시 불 일듯 하게 하라는 말씀은 은사가 크든지, 작든지 간에 그 위에 성령의 기름부음과 성령의 충만함을 받으라는 뜻이다.

하나님이 사용하신 성경의 인물들은 열정이 있는 사람들이었다. 세계적으로 성공한 사람들을 인터뷰했던 기자가 그들에게서 찾아낸 특징은 가슴에 열정이 있다는 사실이었다. 하나님은 베드로의 열정을 사용하셨고, 엘리야의 열정을, 다윗의 열정을 사용하셨다. 성령은 불의 혀같이 역사하므로 성령의 임재로 마음의 뜨거움을 경험하게 된다. 구약성경에 나오는 인물들 중에서도 성신에 의해 감동된 사람들이 있었다. 엘리야는 성정(性情)이 우리와 같은 사람이었으나 간절히 기도하여 응답을 받았고 열심이 특심인 사람이었다(왕상 19:10). 다윗, 삼손 등 하나님이 시대마다 들어 사용하신 사람들의 특징은 하나님의 성신이 그들을 감동케 하셨다는 점이다.

어린 다윗이 전쟁터에 나가 있는 형들을 위해 볶은 곡식과 떡을 가지고 심부름을 갔을 때는 블레셋 사람 골리앗이 40일 동안 아침저녁으로 나타나 이스라엘 사람들을 괴롭히고 있었던 무렵이었다. 이스라엘의 모든 사람들이 두려워하여 그 앞에서 도망하였으나 하나님의 성신에 감동된 다윗은 하나님의 군대를 모욕한 골리앗을 죽이고자 나섰다. 그때 큰형 엘리압이 다윗에게 노를 발하며 오히려 그 마음의 교만과 완악함을 탓하였지만, 다윗은 단순한 영웅심에 도취되어서가 아니라 하나님의 백성으로서 합당한 용기를 나타내 보이기 위해 당당하게 맞섰다(삼상 17:12-30). 하나님의 성신으로 감동함을 받은 다윗은 하나님의 군대를 모욕한 거인 골리앗을 향해 담대하게 나아갔다. 성령의 감동을 받은 사람은 이와 같이 담대해진다. 다른 사람들은 거인 골리앗을 보고 주눅 들어 뒤로 물러섰지만, 다윗은 두려워하지 않고 오히려 거인의 큰 덩치가 양을 칠 때 사용하던 물매를 던져 맞추기에 좋은 조건이라고 생각했다. 이처럼 하나님의 성령이 사람의 마음을 감동시키면 가슴이 뜨거워지고 담대해지는 것이다.

갈렙과 여호수아도 마음을 담대하게 한 후 보는 관점이 달라졌던 사람들이다. 그들과 함께한 열 명의 정탐군들은 네피림의 후손 아낙 자손 대장부들을 보고 하나님이 약속하신 가나안 땅에 들어가기를 두려워하였으며, 이스라엘 자손들 앞에서 그들이 탐지한 땅을 악평하면서 그 백성을 칠 수 없을 것이라고 보고하여 오히려 이스라엘 백성들로 하여금 하나님을 원망하도록 만들었다(민 13:25-14:3). 그 결과 하나님의 약속을 신뢰하지 못하였던 그들은 가나안 땅에 들어가 보지도 못하고 광야에서 유리하는 자가 되었으며 결국 여호와 앞에서 재앙으로 죽어 갔던 것이다(민 14:36-37).

그러나 여호수아와 갈렙은 이들과는 반대로 이스라엘 백성들을 향하여 "그 땅 백성을 두려워하지 말라 그들은 우리 밥이라 그들의 보호자는 그들에게서 떠났고 여호와는 우리와 함께하시느니라 그들을 두려워 말라"(민 14:9)고 담대하게 말하였다.

이와 같이 성령의 감동함을 받고 하나님이 함께하신다는 의식을 갖게 되면 영안이 열리고 담대해진다. 그들이 가진 은사가 대단한 것이 아니라 하더라도 하나님의 성령이 그들을 붙드실 때 하나님 앞에서 쓰임받게 되는 것이다.

은사의 많고 적음에 관계없이 성령의 감동을 받게 되면 "보라 이제 나는 심령에 매임을 받아 예루살렘으로 가는데 저기서 무슨 일을 만날는지 알지 못하노라 오직 성령이 각 성에서 내게 증거하여 결박과 환난이 나를 기다린다 하시나 나의 달려갈 길과 주 예수께 받은 사명 곧 하나님의 은혜의 복음 증거하는 일을 마치려 함에는 나의 생명을 조금도 귀한 것으로 여기지 아니하노라"(행

20:22-24)라는 사도 바울의 말처럼 뒤의 것은 잊어버리고 푯대를 향하여 부름의 상을 위해 좇아가는(빌 3:13-14) 소신과 자유함과 담대함을 보이게 되는 것이다. 성령의 감동을 받으면 은사와 능력이 많지 않아도 하나님 앞에 귀하게 쓰임받을 수 있다. 은사의 분량과 상관없이 주어진 자원을 가지고 성실히 연습하면 되기 때문이다.

사도 바울의 "경건에 이르기를 연습하라"(딤전 4:7)라는 충고와 같이 신앙에도 연습이 필요하다. 요리도 연습하면 실력이 느는 것처럼 은혜 받는 것도 연습하고 신앙도 연습하면 된다. 무거운 아령을 반복해서 들어올리는 연습을 하면 팔에 근육이 생기듯이 부정적인 생각을 피하고 주님을 믿고 의지하며 긍정적이고 밝은 생각을 하게 되면 담대해진다.

현대를 중독 사회라고 불러도 과언이 아닐 만큼 사이버 중독, 영화 중독, 쇼핑 중독 등 우리 사회는 중독으로 몸살을 앓고 있다. 그러나 우리를 이롭게 하는 중독도 많다. 성경 읽는 중독, 기도하는 중독에 빠지면 된다. 하나님이 주신 은사의 다소, 우열을 따지지 말고 성령의 기름부음을 받아 은사를 불 일듯 하게 하면 된다.

은사를 기계 속에 고성능 엔진을 깔아 놓은 것에 비유한다면 성령의 기름부음을 받는 것은 기계의 엔진에 기름을 치는 것과 같다고 할 수 있다. 기계의 엔진에 기름을 치게 되면 기계의 작동이 매끄럽고 원활하게 되는 것처럼 하나님이 이미 내 속에 주신 은사에 성령의 기름부음을 받게 되면 살아가는 것이 수월해지고 신바람이 나게 된다. 그러므로 바울은 디모데에게 성령의 충만함을 받아 은사를 다시 불 일듯 하게 하라고 권면하고 있는 것이다.

하나님이 우리에게 주신 것은 두려워하는 마음이 아니다

두려워하게 하는 것은 하나님의 본심이 아니다. 무서운 질병에 걸려 죽을 것 같은 순간을 지나왔더라도 시간이 지나고 나면 하나님의 본심이 우리를 죽게 내버려 두는 데 있는 것이 아님을 깨닫게 된다. 하나님은 우리가 병들고 어렵고 힘들게 살아가기를 원하시지 않는다. 하나님이 우리에게 주신 것은 두려워하는 마음이 아니라는 말씀을 기억해야 한다. 부모의 속을 썩이는 아들을 향해 아버지가 "밥 먹지 말고 나가라"고 한다면, 그 아버지의 본심은 아들이 집을 나갔으면 좋겠다는 것이 아니고 밥을 챙겨 먹기를 바라는 것이다. 아들은 아버지의 본심을 잘 파악해야 한다. 부모가 자녀를 향해 '~하지 마라, ~해라' 라고 하는 것은 자녀가 잘 되기를 바라는 마음에서이다.

성경에 나오는 율법의 말씀 중에서도 '~하라' 는 것보다 '~하지 말라' 고 하는 것이 더 많은 이유는 하나님이 까다로운 분이어서가 아니라 그 자녀들이 잘 되기를 바라는 마음에서이다. 인간의 본성상 그냥 내버려 두면 길 잃은 양처럼 잘못된 길로 갈 것이 뻔하기 때문에 '~하지 말라' 는 제약을 두신 것이다. 제약을 두지 않으면 자기 감정대로 살아가다가 망하는 길로 가게 될 것을 염려하여 우리에게 율법을 주신 것이며, 율법을 주신 하나님의 본심은 그의 자녀들에 대한 깊은 사랑이다. 하나님이 그의 자녀들을 사랑하시고 자신의 눈동자와 같이 귀하게 여기시기 때문에 그릇된 길로 가는 것을 원치 않으시는 것이다.

부모의 진정한 사랑을 깨닫지 못한 자녀들이 부모의 제약을 간

섭으로만 여기듯이, 하나님의 본심을 깨닫지 못한 백성들에게 있어서 '~하지 말라'는 율법의 계명들은 제약처럼 느껴지고 기독교가 인간의 행동을 심하게 구속하는 것처럼 여겨지는 것이다. 그의 자녀들을 사랑하시는 하나님의 본심을 잘 기억하고 우리를 향하신 하나님의 본심에 따라 살아가는 것이 필요하다.

하나님이 우리에게 주신 것은 두려워하는 마음이 아니므로 두려운 생각이 들 때 이를 물리쳐야 한다. 자신을 과소 평가하여 다른 사람과 비교하거나 두려워할 것이 아니라 의도적으로라도 하나님이 주신 자신의 성격과 기질을 삶 속에서 발휘해 보는 것이 필요하다. 그러므로 하나님이 우리에게 주신 것은 두려워하는 마음이 아니라 오직 능력과 사랑과 근신하는 마음임을 알아야 한다.

하나님이 우리에게 주신 것은 능력과 사랑과 근신하는 마음이다

여기서 능력이란 하나님을 믿고 기도할 때 나타나는 것을 말한다. 하나님은 전능하신 분이지만 기도하지 않는 사람에게는 그 능력이 나타나지 않는다. 담대한 마음으로 믿고 기도할 때에만 하나님의 능력이 나타나게 되는 것이다. 하나님은 어제나 오늘이나 변치 않고 동일하신 분이므로 능력이 나타나는 데 있어서 중요한 것은 우리의 믿음이다.

아브라함의 하나님, 이삭의 하나님, 야곱의 하나님, 요셉의 하나님이 우리의 믿음과 우리의 기도대로 능력을 베풀어 주신다. 우리의 상황이 복잡하고 환경이 어렵고 육신이 건강하지 못할지라도 하나님이 받으시는 것은 오직 우리의 믿음이다. 위대하신 하나님은 우리의 기도의 채널과 믿음의 그릇을 통하여 응답하시고 역사하신다. 그러므로 하나님이 능력을 주셨다는 것은 우리가 기도하고 믿기만 하면 그대로 된다는 말씀이다.

그 다음에 나오는 것이 사랑하는 마음이다. 성경에서 사랑을 가장 사실적으로 느낄 수 있는 장면은 예수님께서 십자가에서 돌아가실 때이다. 예수님이 십자가에 달리셨을 때 지나가는 사람들이 그 앞에서 예수님을 조롱하고 모욕하였다. "네가 만일 하나님의 아들이어든 자기를 구원하고 십자가에서 내려 오라."(마 27:40) "저가 남은 구원하였으되 자기는 구원할 수 없도다 저가 이스라엘의 왕이로다 지금 십자가에서 내려올지어다 그러면 우리가 믿겠노라."(마 27:42) 열두 영이나 되는 천사를 동원하실 수 있고 죽은 사람을 살리시며 물 위를 걸으신 하나님의 아들 예수님은 능력이 없어서 모욕과 조롱과 십자가의 고통을 참으신 것이 아니다. 십자가 위에서 조롱하는 사람들의 말을 다 들으신 예수님은 "아버지여 저희를 사하여 주옵소서 자기의 하는 것을 알지 못함이니이다"(눅 23:34)라고 하시며 오히려 그들을 중보하고 기도하셨다.

예수님의 이 중보의 기도야말로 우리를 향한 예수님의 사랑의 극치인 것이다. 우리가 천국 입구에 서는 날 마귀는 하나님께 우리의 죄를 고소할 것이다. 아무도 불꽃같은 하나님의 눈길을 피해 갈 수 없기 때문에 거룩하신 하나님 앞에서 우리의 허물과 죄가 낱낱이 드러나게 될 것이다. 그때 마귀는 우리를 비웃으며 우리의 죄와 허물을 하나님께 고소할 것이나 우리의 중보자 되시는 예수님은 십자가상에서 하셨던 기도처럼 다시 우리를 위하여 중보하실 것이며 예수님의 보혈로 우리의 죄와 허물을 덮어 달라고 간구하실 것이다. 십자가상의 기도에서 언급된 '저희'라는 말 속에는 예수 그리스도를 구주로 믿는 우리가 다 포함되어 있다. 마귀가 아무리 우리를 고소할지라도 경건치 않은 자를 위하여 대신 죽으신 예수님의 사랑으로 말미암아 우리가 속죄의 은혜를 누리게 되는 것이다. 이것이 예수님의 보혈의 은혜이며 십자가의 사랑이다. 이것보다 더 큰 사랑은 없다. 예수님의 보혈의 공로가 아니고서는 천국 문에 이를 자가 아무도 없는 것이다. 그 사랑이 우리에게 이미 허락되어져 있으며 예수님을 믿는 자는 누구든지 심판에 이르지 않고 구원을 받게 된다. 이것이 하나님이 우리에게 주신 사랑이다.

사랑에 이어서 나오는 근신하는 마음이란 더 기도하고 더 절제하여 성령보다 앞서지 않는 마음이다. 능력이 있고 사랑이 있더라도 절제하고 근신하지 못할 때는 아무런 힘도 미칠 수 없다. 베드로나 삼손에게 능력이 없었던 것은 아니다. 근신하고 절제하지 못했기 때문에 좋지 못한 결과를 낳게 되었다. 이러한 마음도 하나님이 허락하셔야 가능한 것이다.

복음과 함께 고난을 받으라

하나님이 우리에게 은사와 능력을 주신 이유는 오직 하나님의 능력을 좇아 복음과 함께 고난을 받게 하기 위한 것이다(딤후 1:8). 그동안 예수를 믿는 많은 훌륭한 사람들이 정치, 경제, 사회, 문화의 각 영역에서 배출되었으나 정치가 여전히 변화되지 못하고 경제가 뒷걸음질치고 사회, 문화 등 각 분야가 타락하게 된 것은 예수 믿는 사람들이 영향력을 발휘하지 못했기 때문이다. 각 분야의 리더로 일하고 있는 그리스도인들의 삶이 세상을 향하여 도전을 주지 못하고 세상의 빛과 소금이 되는 삶을 살지 못하고 있는 것은, 하나님의 영광과 교회를 위해서 살아가라고 그들에게 허락하신 직분을 오해하여 복음과 함께 고난을 받는 삶에 들어가지 못했기 때문이다. 하나님이 우리에게 은사와 능력을 주신 이유가 복음과 함께 고난을 받게 하기 위함이라는 것을 깨닫지 못하였기 때문에 세상으로부터 존경받는 삶이 되지 못하고 있는 것이다.

왜 사도 바울는 믿음의 아들인 디모데를 향하여 복음과 함께 고난을 받으라고 했는가? 복음을 위하여 고난을 받으려고 작정하면 고난이 오히려 우리를 피해 도망가기 때문이다. 그러나 예수 믿고 혼자만 잘 살겠다고 생각하고 고난받기를 싫어하면 고난은 오히려 우리를 찾아온다. 이것이 복음을 위한 삶의 원리인 것이다. 하나님께서 우리에게 주신 은사와 능력과 물질과 사랑을 복음과 하나님의 교회를 위하여 사용하고자 하면 하나님은 우리에게 은사 위에 은사를 더해 주신다. 실력과 능력을 갖춘 많은 엘리트 그리스도인들이 세상에서 실패하는 이유는 하나님이 주신 은사를 세상적인 것에 사용하고, 자기를 내세우기 위한 자랑거리로 사용하므로 하나님께서 그 은사와 능력이 제대로 발휘되지 못하게 하시기 때문이다.

그러나 하나님의 영광을 위하여 살아가는 사람들에게는 하나님께서 은사를 한껏 부어 주시는 것을 볼 수 있다. 계속해서 하나님의 축복을 받고 계속해서 더해지는 은사를 받기 위해서 그리고 하나님 앞에 귀하게 쓰임받기 위해서는 우리 인생의 마지막 목표가 복음을 위한 삶, 하나님의 영광을 위한 삶, 하나님의 교회를 위한 삶이 되어야 한다. 이러한 삶을 살게 되면 고난이 와도 감당할 수 있게 되고, 고난을 통해서 연단 받는 아름다운 삶이 된다. 그러므로 복음과 함께 고난을 받으라는 이 말씀을 믿음으로 받아들이면 담대한 인생을 살게 될 뿐만 아니라 하나님의 이름을 높여 드리는 삶을 살게 되는 것이다.

인생의 고통과 격변은 하나님을 만나는 지름길이 되고
하나님의 은혜를 끌어당기는 요소가 된다.
우리 생애에 찾아오는 수고와 고통은
우리를 만나시기 위한 하나님의 관심의 표현이며
우리가 하나님을 찾고 기도하게 하기 위해 주시는 표징이다.
소원을 품고 원한 맺힌 기도를 할 때
'수고와 고통'의 사람 야베스가 '존귀한 자'로 변하였듯이
우리가 그와 같이 행할 때 하나님은 복에 복을 더하시고
우리의 지경을 넓혀 주시며
주님의 손으로 도우사 환난을 벗어나 근심이 없게 하시며
마침내 소원의 항구로 우리를 인도하여 주신다.

야베스의 기도

"야베스는 그 형제보다 존귀한 자라 그 어미가 이름하여 야베스라 하였
으니 이는 내가 수고로이 낳았다 함이었더라 야베스가 이스라엘 하나님
께 아뢰어 가로되 원컨대 주께서 내게 복에 복을 더하사 나의 지경을 넓
히시고 주의 손으로 나를 도우사 나로 환난을 벗어나 근심이 없게 하옵
소서 하였더니 하나님이 그 구하는 것을 허락하셨더라."(대상 4:9-10)

큰 축복을 받은 사람들의 특징 중의 하나는 기도 제목이 남다르
다는 것이다. 우리가 기도를 할 때는 기도의 권능을 믿는 것이 전
제되어야 한다. 하나님께서 우리에게 응답해 주실 것을 믿고 기도
해야 하는 것이다. 우리는 연약하지만 기도에는 능력이 있다. 그
러므로 현실을 뛰어넘어 기도를 들으시는 하나님을 바라보고 기
도해야 한다. 신약성경에 예수님께서 기도의 모범으로 가르쳐 주

신 주기도문이 있다면(마 6:9-14), 구약성경에는 야베스의 기도가 있다. 신약성경의 주기도문처럼 가장 짧으면서도 압축적으로 잘 요약되어 있는 구약의 기도가 바로 이 야베스의 기도라 할 수 있다.

역대상 4장 9절과 10절 말씀에 보면 야베스가 어떤 사람이며 어떤 기도를 드렸는지, 그리고 어떤 응답을 받았는지에 대한 내용이 기록되어 있다. 야베스는 누구인가? 역대상 4장의 짧은 두 구절 외에는 야베스의 가족과 그 배경에 대하여 알려져 있는 것이 없다. 그에 관한 윤곽은 잘 나타나 있지 않지만, 기도를 통해 하나님의 축복을 받고 기도의 응답을 받은 사람으로 우리에게 좋은 신앙의 모델이 되고 있다.

야베스라는 이름은 원래 '수고'와 '고통'이라는 뜻이다. 9절에 보면 "그 어미가 이름하여 야베스라 하였으니 이는 내가 수고로이 낳았다 함이었더라"고 되어 있다. 이 구절에서 알 수 있듯이 그 어미가 아이를 볼 때마다 난산의 고통이 떠올라 그 이름을 아예 '수고'와 '고통'이라는 뜻의 히브리어인 '야베스'라는 이름으로 부른 것이다. 그러므로 '야베스'란 본래 그리 좋은 뜻을 가진 이름이었다고 할 수 없다.

야베스가 자라면서 잘한 일은 이스라엘의 하나님께 기도로써 자신의 소원을 아뢴 것이었다. 그래서 하나님께서 '수고'와 '고통'이라는 뜻의 이름을 가진 야베스를 '존귀한 자'로 바꾸어 주셨으며 야베스가 기도한 것을 다 응답하셨다. 야베스가 '나에게 이런 복을 주십시오' 하고 기도할 때 그 소원대로 하나님께서 축복하셨던 것이다.

사과나무는 상처가 생기면 그 상처를 치유하기 위해 스스로 진액을 쏟아 내면서 더 자생력을 갖게 되기 때문에, 상처가 없는 나무보다 사과가 더 달고 그 모양도 더 예쁘다고 한다. 우리 역시 인생의 아픔이나 수고와 고통이 있을지라도 하나님께 기도로 아뢰면 그 기도 때문에 우리의 삶에 자생력이 생긴다. 기도하고 하나님께 부르짖을 때 성령이 임하여 권능을 받게 되므로 그것들을 넉넉히 이길 수 있는 힘이 생긴다.

우리가 인생을 살아가는 데는 반드시 수고와 고통이 따른다. 사람은 누구든지 문제를 가지고 있으며, 살아가면서 수많은 아픔들을 겪게 된다. 우리는 그 문제와 아픔을 가지고 하나님께 나아가야 한다.

하나님은 우리에게 축복을 주시기 전에 먼저 고난을 주신다. 고난을 통하여 우리의 자아가 깨어지게 하시고, 우리 안에 있는 모든 찌꺼기들을 쏟아 놓게 하시고, 자신을 되돌아보고 마침내 회개하게 하신다. 인생은 고난과 위기를 만나야만 하나님께 부르짖게 되고 하나님을 의지하게 된다. 삶에 어떤 부족함 없이 풍요로움을 누리고 내면이 세상적인 것들로 가득 차 있을 때는 하나님을 의지하기보다는 자기를 의지하고 세상을 의지하게 된다.

우리는 역사를 통해 하나님이 자기의 사랑하는 사람들을 축복하시기 전에 먼저 고통과 고난으로 깨뜨리시고 가난한 심령으로 만드셨던 예들을 볼 수 있다. 사랑하시기 때문에 깨뜨리시는 것이다. 우리는 가난하고 힘들고 아프고 수고와 고통이 있어 삶의 지층이 흔들릴 때 하나님을 찾게 된다. 인생의 고통과 격변은 하나님을 만나는 지름길이 되고 하나님의 은혜를 끌어당기는 요소가 된다. 비온 뒤에 무지개가 생기고 사막 가운데 오아시스가 있듯이 고난은 결국 축복과 만나고 고통은 환희와 만나게 된다.

그러므로 우리 생애에 찾아오는 수고와 아픔과 고통은 우리를 만나기 원하시는 하나님의 관심이며 우리가 하나님을 찾고 기도하게 하기 위해 주시는 표징인 것이다. 하나님은 이처럼 우리가 원하는 것을 주시기 전에 먼저 고통의 현장으로, 인생의 코너로 몰고 가신다. 그러므로 그러한 일을 당하더라도 놀라거나 두려워하지 않고 하나님께 무릎을 꿇는다면, 그 고통과 상처를 통해 자생력을 주시고 문제가 해결되는 축복을 허락하신다. 그리고 무엇보다도 그 문제와 고통을 통해 우리를 성숙하게 하시며 예수님의 성품을 닮아 가는 축복을 주신다. 고통 없는 축복은 없고 수고 없는 축복도 없는 것이다.

야베스의 기도란?

야베스의 기도란 어떤 기도인가? 그것은 변화를 바라보고 하는 기도이다. 어린 시절부터 사람들에게 '수고'와 '고통'으로 불리던 그 야베스가 이스라엘의 하나님께 기도할 때 '존귀한 자'가 되었으며 이스라엘의 하나님께서는 그가 기도한 모든 것을 다 허락하셨다.

우리가 소원을 품고 말씀에 의지하여 기도하면 하나님께서는 우리를 마침내 소원의 항구로 인도하신다(시 107:30). "너는 내게 부르짖으라 내가 네게 응답하겠고 네가 알지 못하는 크고 비밀한 일을 네게 보이리라"(렘 33:3)고 말씀하신 하나님은 우리가 기도할 때 응답하시며 크고 비밀한 일을 보여 주시는 약속의 하나님이다. 아무것도 염려하지 말고 오직 모든 일에 기도와 간구로 우리 구할 것을 감사함으로 아뢸 때 하나님의 평강이 우리의 마음과 생각을 지켜 주시는 것이다(빌 4:6-7). "네 입을 넓게 열라 내가 채우리라"(시 81:10)고 약속하신 하나님은 우리가 입을 넓게 열어 기도할 때 응답으로 채워 주신다.

야베스의 출생과 그 과거는 '수고'와 '고통'이었지만 이스라엘의 하나님께 소원을 품고 기도할 때 그가 기도한 모든 내용들이 다 응답되었다. 그렇다면 야베스의 기도는 어떤 기도였는가?

야베스의 기도는 더하여지는 복을 달라는 기도였다

"원컨대 주께서 내게 복에 복을 더하사"(대상 4:10)

야베스의 첫번째 기도는 더하여지는 복을 달라는 것이었다. 우리는 왜 더하여지는 복을 달라고 기도해야 하는가? 복에 복을 더하여 주시기를 간구하는 것은 단순히 두 배의 복을 달라는 의미가 아니다. 장남이 그 아우들보다 더 많은 유산을 받을 수 있도록 법적으로 보장하고 있듯이, 자신이 택정한 자임을 나타내는 표징으로서 많은 복을 내리실 것을 구하는 강조의 말이다.

우리에게 실제적으로 복에 복을 더하여 달라는 기도가 필요한 이유는 하나님의 축복이 영적인 것일 뿐만 아니라 매우 실제적인 것이기 때문이다. 하나님께서 복에 복을 더하여 주셔야만 그것이 우리의 삶에 부산물로 남게 되어 필요가 채워지고 소유가 넉넉해

지며 건강한 삶을 살게 된다. 지금 우리가 사는 이 시대는 과거보다 더 복잡하고 어려워졌기 때문에 하나님이 허락하시는 충만한 복이 없다면 혼란과 방황을 겪게 될지도 모른다.

구약의 엘리야는 선지자 중의 선지자였다. 그는 기도로 하늘에서 불이 내려오게 하였고 기도로 하늘 문을 열고 닫았던 사람이다. 이러한 엘리야의 뒤를 이은 후계자인 엘리사는 그 스승보다 갑절의 영적 능력을 받기를 소원하였다(왕하 2:9). 여기서 말하는 '갑절'이라는 것도 양적인 의미의 두 배를 말하는 것이 아니라 선지자의 직분, 선지자적 능력의 풍성함을 말하는 것이다.

엘리야가 활동하던 시대는 우상숭배가 극에 달했던 때였으며 북이스라엘 왕국이 가뭄에 시달리던 때였다. 모든 사람들이 바알에게 무릎 꿇던 그 시대에 엘리야는 혼자서 바알과 아세라 선지자 850명과 대결하여 하늘에서 불이 내려오는 응답을 받았다. 또한 그가 간절히 기도하였을 때 3년 6개월 동안 땅에 비가 오지 않았고, 다시 하나님께 구하였을 때 가뭄이 그치고 하늘에서 비가 내렸다. 엘리야가 회리바람을 타고 승천할 때 그 광경을 목격하던 엘리사는 "내 아버지여 내 아버지여 이스라엘의 병거와 그 마병이여"(왕하 2:12)라고 소리쳤다. 엘리사는 이스라엘의 기도의 버팀목이었으며 군사력의 중심이었던 능력 있는 스승 엘리야를 존경했지만, 후계자로서 그 역할을 잘 감당하기 위하여 갑절의 영적 능력을 달라고 간구하였다. 이와 같이 우리도 현실 속에서 주어진 사명을 잘 감당하고자 한다면 '복에 복을 더하여 주옵소서!', '갑절의 영감을 주옵소서!'라는 기도를 해야 한다.

삼손은 이스라엘의 사사들 가운데 한 사람이었다. 그는 당대 이스라엘의 영웅이었으나 다른 사사들처럼 국가나 그가 속했던 지파의 해방을 위해서 백성들을 조직하고 다스렸던 것이 아니라 개인적으로 영웅적인 싸움을 했던 사람이다. 하나님은 삼손을 통하여 이스라엘의 존재를 위협했던 많은 블레셋 사람들을 쳐부수게 하셨으나, 삼손의 활동 목적은 국가적인 대의에 있는 것이 아니라 개인적인 부르심에 있었다. 그러한 삼손이 블레셋 사람들에게 두 눈이 뽑히고 결박당하게 되었을 때, 그는 하나님께 부르짖으며 기도하였다. "주 여호와여 구하옵나니 나를 생각하옵소서 하나님이여 구하옵나니 이번만 나로 강하게 하사 블레셋 사람이 나의 두 눈을 뺀 원수를 단번에 갚게 하옵소서."(삿 16:28)

이 기도의 내용으로 미루어 볼 때 삼손이 하나님에 대한 자신의 의무나 이스라엘의 중요성에 대한 각성을 가졌디기보나는 개인적인 보복으로서의 의도가 더 강하게 나타나 있음을 엿볼 수 있다. 그러나 "나를 생각하옵소서"라는 간구의 말을 통하여 지난날의 죄를 회개하는 마음을 읽을 수 있으며, 마지막 한순간에 은총을 내려 주시기를 원하는 간절함을 읽을 수 있다.

젊은 시절 사사로서의 영적인 사역에 충실하지 못하고 개인적인 영웅심에 불탔던 삼손이지만, 하나님께서는 그의 마지막 기도를 들으셔서 하나님의 신이 삼손을 통하여 역사하게 하시고 그로 하여금 초인적인 능력을 발휘하도록 하여 그 절망의 현장에서 승리하게 하셨다. '이번만 나로 강하게 하옵소서!'라는 기도를 들으신 하나님은 삼손이 죽을 때에 죽인 자가 살았을 때에 죽인 자보다 더욱 많도록 하신 것이다. 삼손의 경우처럼 우리가 아무리 실패했을지라도, 돌이킬 수 없는 실수를 저질렀을지라도 하나님 앞에 진실하게 회개하면 그분은 언제라도 우리를 용서하신다.

하나님은 우리가 기도하고 회개할 때의 상한 심령을 가장 기뻐하신다. 하나님은 일마다 때마다 걸음마다 축복하기를 원하시기 때문에 좀 더, 보다 더 많이 구하는 것을 우리에게 허용하신다. 이러한 간구가 어쩌면 자기 중심적으로 보일 수도 있지만 오히려 하나님께서 가장 듣고 싶어하시는 기도인 것이다. 야베스의 "원컨대 주께서 내게 복에 복을 더하사"라는 기도가 바로 이런 기도이다.

우리가 살아가는 세상은 점점 더 복잡해지고, 우리를 유혹하고 넘어뜨리려는 사단의 세력은 더 커져만 간다. 자신이 점점 작아지는 것처럼 느껴지고, 낙심하고 실망할 일들이 점점 많아져 가는 이 시대에 하나님으로부터 받은 사명을 잘 감당하기 위해서는 하나님의 능력이 우리 위에 임해야 한다. 그러므로 야베스의 기도처럼 하나님께 더하여지는 복을 달라고 구해야 하는 것이다. 이러한 기도야말로 실제적이고 경제적이며 효율적인 기도이다.

우리가 살아가다 보면 전혀 예기치 않은 일들을 만나게 되고 뜻하지 않게 이것이 파국으로 이어질 때가 많다. 비극적인 사건이 삶에 찾아와 우리를 무너뜨리기도 한다. 이처럼 연약한 인생이 한계에 부딪히게 될 때 하나님께서 갑절로 더해 주시는 복을 받아야만 그 풍파를 견디고 살아남을 수 있는 것이다. 갑자기 밀어닥친 인생의 격변 속에서 주저앉지 않고 힘을 구하는 회복의 기도를 드려야 한다. 삼손처럼 마지막 순간에라도 구하고 회개하는 사람에게 하나님은 응답의 역사를 주신다.

야베스의 시작은 '고통'이었다. 고통이 그의 과거를 대변했고 그의 미래 역시 암울한 징조로 가득했지만 그는 이에 굴하지 않고 소망과 확신으로 하나님께 기도하였다. 노예 생활을 하던 그의 조상들에게 자유를 주셨고 강한 적들로부터 보호해 주셨을 뿐 아니라 풍요로운 땅에서 살게 하신 이스라엘의 하나님을 기억하고 기도하였던 것이다. 이스라엘의 하나님께 아뢰어 기도한 야베스는 자신의 과거나 한계에 얽매이지 않고 마침내 '존귀한 자'라는 이름을 얻는 축복을 누리게 되었다.

우리의 삶에도 복에 복을 더하여 달라고 하는 야베스의 기도가 필요하다. 하나님께서 주시는 복이 가장 귀한 것이라고 여길 때 하나님은 기꺼이 넉넉하게 주실 것이다. 복 주시는 것이 하나님의 본심이므로 하나님의 풍성하심을 따라 '복에 복을 더하여 주옵소서!'라고 기도해야 한다.

야베스의 기도는 지경을 넓혀 달라는 기도였다

"나의 지경을 넓히시고"(대상 4:10)

야베스가 했던 두 번째 기도는 지경을 넓혀 달라는 것이었다. 우리는 지경이 넓어지는 삶을 살아야 한다. 하나님의 자녀로서 더 많은 영향력을 미치고 더 많은 책임을 가지고 더 많은 기회를 가지는 삶을 살아야 한다. 사업의 지경이 넓어지고 직장에서 승진을 하고 자녀가 축복을 받는 삶을 살아야 한다. 시작은 미미하지만 우리의 가지가 담을 넘고, 지경이 넓어지는 복을 받아야 한다. 하나님은 한 사람을 사랑하실 때 그를 붙드셔서 복의 근원이 되게 하시고, 시냇가에 심은 나무와 같이 푸르고 열매 맺고 뻗어나가는 삶을 살게 하신다.

하나님의 본심은 우리가 생육하고 번성하는 것이며 우리가 세상을 정복하고 다스리는 것이다. 어떤 재능을 가지고 있든지, 어떤 교육을 받았든지, 어떤 일을 하고 있든지 하나님은 우리가 영향력을 미치는 삶을 살기를 원하신다. 하나님은 우리를 통해 일하시기 때문에 하나님께서 주신 은사와 능력으로 사역을 확장시켜 나가고 지경을 넓혀 나갈 수가 있다. 하나님은 우리들 각자의 내면에 독특한 은사와 재능을 축복의 씨앗으로 심으셨기 때문에 우리가 인간적인 의지만 발동하더라도 그것을 통해 성공을 맛볼 수 있다. 그 위에 경험과 훈련이 더해지고 하나님의 뜻과 초월적인 능력이 더해진다면 한계를 넘어 그 지경을 확장해 나갈 수가 있다. 기적을 일으키시는 하나님의 능력을 체험하게 되는 것이다.

믿음의 세계에서 하나님이 주신 말씀을 붙들고 기도하는 사람들은 반드시 '무'(無)에서 '유'(有)가 창조되는 기적을 보게 된다. 하나님은 인간적인 눈으로 볼 때 불가능했던 것들을 가능케 할 수 있는 능력을 이미 우리에게 부어 주셨다. 야베스가 자신의 이름에 부여된 한계를 초월해서 하나님께 구한 그 모든 것을 허락받았듯이 기도하면서 믿음으로 나아가면 하나님이 창조적인 아이디어를 주시고, 도울 자를 보내어 주시고, 필요한 물질도 허락하신다. 이러한 것이 지경을 넓혀 달라는 기도이다.

부산 수영로교회의 신축 과정에는 야베스의 기도에 관한 간증이 있다. '야베스'는 수영로교회 대학부의 이름으로서, 이들이 부산 성시화(聖市化)를 위해 눈물로 기도했던 땅에 지금의 수영로교회가 신축되었다. 이들은 부산이 마약과 토막살인 사건, 강력 사건 등으로 얼룩져 있는 오명을 씻고 복음의 진원지가 되게 해 달라고 하나님께 기도하기 시작하였다. 또한 부산이 이제 일어나 건너가게 해 달라는 뜻에서 구호를 'Jump'로 정하고 부산의 성시화, 청년 복음화를 위하여 수영만 매립지에 모여 기도를 시작했다. 수영로교회의 당회가 교회 신축을 위해 매입한 부지에 여러 가지 문제가 생겨 건축을 진행하지 못하고 있을 때 뜻밖에 새로운 부지를 매입하게 되어 교회를 신축할 수 있었는데, 바로 그 땅이 대학부 야베스가 부산 성시화를 위해서 기도했던 곳이었다. 점프해서 일어나 부산을 변화시키자고 무릎 꿇고 기도했던 그 땅에 눈물의 기도가 쌓여 현재 수영로교회의 터가 되었고 부산 성시화 운동 본부의 센터까지 건립하게 된 것이다. 하나님은 수영로교회의 대학부 야베스의 기도를 들으시고 지경을 넓혀 주셨다.

실패한 과거를 가지고 있고 건강이 좋지 못하고 환경이 어려울지라도 우리가 하나님 앞에 소원을 두고 기도하면 하나님이 그 기도를 기억하셔서 예기치 않은 때에 지경을 넓혀 주신다.

지금은 결과를 알지 못하고 기도하지만 그것이 이루어질 것을 바라보고 기도하면 결국 기도의 능력과 기도의 실체를 경험하게 된다. 그러므로 우리가 더 넓은 지경을 간구하는 기도를 할 때 꿈도 꾸어 보지 못했던 땅을 밟게 되며 기적을 경험하는 삶을 살아갈 수 있는 것이다.

야베스의 기도는 주의 손으로 나를 도와 달라는 기도였다

"주의 손으로 나를 도우사"(대상 4:10)

큰복은 하나님이 주시고 작은 복은 사람이 챙긴다는 말이 있다. 우리의 손이 바쁜 것보다 하나님의 손이 바쁘셔야 능력이 나타난다. 하나님의 손이 움직여야 역사가 일어난다. 하나님의 손으로 도와주셔야만 일이 되고, 하나님의 손으로 도와주셔야만 불가능해 보이던 일도 가능해진다. 성도가 기도의 손을 모으면 하나님의 보좌를 움직일 수 있다. 하나님이 한 번 역사하시고 천사를 동원하시는 것이 사람이 천 번 일하는 것보다 낫다. 성경에서 손이란 상징적 의미로서 하나님의 능력과 권위를 나타내는 것이며 지배력 또는 보호를 의미하는 것이기도 하다.

전도서 기자는 "내 손으로 한 모든 일과 수고한 모든 수고가 다 헛되어 바람을 잡으려는 것이며 해 아래서 무익한 것이로다"(전 2:11)라고 하였으며, "사람이 먹고 마시며 수고하는 가운데서 심령으로 낙을 누리게 하는 것보다 나은 것이 없나니 내가 이것도 본즉 하나님의 손에서 나는 것이로다"(전 2:24)라고 하였다. 또한 야고보 사도는 야고보서를 통하여 말하기를 각양 좋은 은사와 온전한 선물이 다 위로부터 빛들의 아버지께로서 내려온다고 하였다(약 1:17). 모든 좋은 것은 하나님의 손으로부터 나오기 때문에 '주의 손으로 나를 도우사' 라고 기도해야 하는 것이다.

하나님의 강한 손을 의지해서 기도할 때 하나님은 우리의 작은 신음소리도 들으시고 역사하신다. 어린아이가 자신의 손으로 잡을 수 없는 것을 잡으려고 할 때 부모의 손을 의지하듯이 우리가 우리의 무능력을 인정하고 하나님의 손길을 의지할 때 하나님의 능력을 경험하게 된다.

예수님의 손이 스쳐 가면 물이 포도주가 되고(요 2:1-11), 예수님이 손을 들어 축사하시면 5천 명이 먹고도 열두 바구니가 남는 기적이 일어나게 된다(마 14:19-20). 예수님께서 손을 내밀어 문둥병자를 만질 때 문둥병이 깨끗하여졌으며(마 8:3), 손을 잡고 일으키실 때 죽은 자가 다시 살아나고(마 9:25), 각색병이 치료되고 악한 영이 물러가는 기적이 일어났다(눅 4:40).

주님이 원하시면 그분의 손이 스치기만 해도 병이 낫고 악한 영이 물러간다. 주님이 손을 들어 축사하시고 주님의 손으로 만질 때 기적과 역사가 일어난다. 그래서 그분의 손이 부지런히 움직이시도록 '주의 손으로 나를 도우소서'라고 기도해야 한다. 주님의 손이 스칠 때 우리 삶의 쓴물은 단물이 되고, 우리 삶의 작고 미미한 것으로도 5천 명을 먹일 수가 있게 된다.

야베스가 "주의 손으로 나를 도우사"라고 기도한 것은 하나님의 능력을 이해하고 신뢰하는 마음에서 나온 것이다. 하나님의 자녀들이 하나님의 손길을 경험해 보지 못하고 하나님의 손길을 구하지도 않는다는 것은 참으로 비극적인 일이며 자녀로서의 권리를 포기하는 일이다. 하나님의 손길은 바로 우리를 위해 준비되어 있다. 야베스는 더하여지는 복을 받고 지경이 넓어지는 삶을 살기 위해서 도우시는 주의 손이 반드시 필요하다는 것을 확신했기 때문에 이러한 기도를 드릴 수 있었다.

예수님을 모른다고 부인했던 베드로를 만지셔서 성령으로 충만한 위대한 사도가 되게 하셨듯이 주님의 손은 실패를 기적으로 바꾸어 주신다. 나의 손에서 나온 것이 전부이고 나의 지혜가 전부라고 생각할 때는 반드시 실패할 수밖에 없다. 지혜가 부족할 때 후히 주시고 꾸짖지 아니하시는 하나님께 구해야 한다(약 1:5).

하나님의 성령이 내게 기름 부어 주시고 영안을 열어 주시고 영적인 권능을 주시면 지혜가 생기고 나의 손도 능력의 손이 된다. 하나님의 절대 주권과 축복의 공급권을 바라보고 기도했던 야베스처럼 우리도 지금 함께하시는 주님의 손길이 우리를 도우시기를 기도해야 한다.

야베스의 기도는 환난을 벗어나게 해 달라는 기도였다

"나로 환난을 벗어나"(대상 4:10)

야베스가 네 번째로 기도한 것은 환난을 벗어나게 해 달라는 것이었다. 우리의 삶에 있어서 큰 환난에 빠지는 일은 없어야 한다. 신앙 생활을 해 나갈 때 위험과 환난을 만나 구사일생으로 살아남았다는 간증보다는 그러한 일을 만나지 않는 것이 더 복 있는 삶이다. 환난에 빠졌을 때 건짐을 받는 것도 감사한 일이지만 환난을 벗어나게 해 달라고 기도할 때 그 환난이 우리를 비껴간다. 죽음을 눈앞에 둔 순간에라도 하나님을 바라보고 기도하면 때로 죽음까지도 우리를 비껴가게 된다. 신앙 생활을 하면서 반드시 극적인 간증을 남길 필요는 없다. 큰 시험 없이 말씀 속에 안정된 삶을 사는 것이 우리에게 축복된 일이다.

야베스가 하나님께 아뢰어 '나로 환난을 벗어나게 하소서' 라고 기도한 것은 복된 삶을 유지하는 좋은 믿음의 태도이다. 하나님께서는 그의 사랑하는 자의 기도를 들으시고 환난을 벗어나게 하신다. 하나님께서는 마지막 환난의 날에 사랑하시는 자들에게 그 날들을 감하여 주신다고 말씀하셨다(막 13:19-20). 하나님의 보호 없이 우리를 그대로 내버려 두시면 우리는 다 죽게 될 것이다. 그러나 하나님은 우리가 환난과 시험에서 더 이상 견디지 못하게 될 때 피할 길을 열어서라도 그 어려움에서 벗어나게 하신다. 우리가 능력이 뛰어나거나 지혜가 많아서 환난에서 벗어나고 시험을 이기고 병마를 물리치는 것이 아니다. 하나님께서 비껴가게 해 주시는 것이다.

하나님은 불같은 시험에서 꺼내어 주시고 우리의 고통의 때, 환난의 때를 감하여 주시는 분이다. 우리는 인생에서 되어진 일들이 마치 우리가 판단하고 선택해서 이룬 것처럼 생각하지만 하나님께서 우리 인생의 큰 물줄기를 잡아 주시고 꺾어 주시는 것이다. 그 순간은 분명히 나에게 수고와 고통과 환난의 때였지만 뒤돌아보면 하나님께서 벗어나게 하셨음을 알게 된다.

큰 환난은 벗어나는 것이 복이다. 성도가 기도하면 환난을 벗어나게 된다. 의인의 간구는 역사하는 힘이 있으므로 불같은 시험에서도 벗어나게 된다. 주님이 가르쳐 주신 주기도문에서도 알 수 있듯이 시험에 들지 않는 것이 중요하다.

일기예보를 볼 때 고기압이 발달되어 있으면 맑고 구름 없는 날씨가 이어진다. 비가 오는 날씨가 계속되다가도 고기압 가장자리에 들면 날씨가 개이고 비가 멈추게 된다. 반면에 저기압이 발달되어 있으면 흐리고 비가 오게 된다. 성도의 기도도 이와 같다. 성도가 기도하면 영적인 고기압이 형성된다. 영적인 고기압이 형성되면 악하고 어두운 세력이 밀려나게 되므로 환난 또한 벗어날 수 있다. 성도가 기도할 때 하나님이 구름 기둥, 불 기둥으로 지켜 주시고 지팡이와 막대기로 지켜 주시므로 시험과 환난에서 벗어나게 된다.

바르게 보여도 필경 사망으로 이르는 길이 있고(잠 14:12), 사망의 길과 내리막길처럼 보이지만 요셉의 생애와 같이 형통함을 누리게 되는 길이 있다. 요셉은 형들에게 팔려 노예로 끌려가 누명을 쓰고 감옥에 갇혔지만, 성경은 하나님께서 요셉과 함께하셨으므로 그가 형통한 자가 되었다고 말씀하고 있다(창 39:2).

형통이란 사람의 보기에 잘 되는 일을 뜻하는 것이 아니다. 형통이란 하나님의 정확한 인도하심을 말한다. 서른 살이 될 때까지 요셉은 많은 시련을 겪었다. 사랑하는 어머니를 잃고 형제들의 질투를 받아 버림을 받고 섬기던 주인에게 버림을 받는 고난과 낙담과 좌절의 순간들을 지내왔지만, 그럼에도 불구하고 우리가 요셉을 형통한 자라고 부르는 이유는 요셉의 생애를 하나님이 붙드셔서 정확하게 인도하셨기 때문이다.

감사와 찬송이 나오지 않는 칠흑같이 어둡던 순간도 세월이 지나 뒤돌아보면 그것이 하나님께서 함께하신 형통한 길이었음을 알게 된다. 이것이 성경의 역사이다. 그 당시에는 피할 길이 아니라 꺾어지는 길이요 내리막길이었지만 결과적으로 하나님이 동행하셔서 형통케 하신 길임을 알게 된다.

새 중의 새라고 하는 독수리는 날아 다니는 것이 아니라 날개를 편 채 바람을 이용해서 떠다닌다고 한다. 고공에서 땅의 열기에 의해 형성된 기류를 타고 떠다니는 것이다. 그러므로 독수리 날개 치며 올라감 같다는 것은(사 40:31) 내 힘으로 성공하고 출세하는 것에 대한 비유가 아니다. 거센 바람이 불어도 독수리가 그 바람을 타고 상승하듯이, 인생의 폭풍우가 닥치고 환난이 찾아와도 그 바람을 타고 상승하는 것을 말한다. 그러한 사람은 인생에 밀어닥친 거친 풍파로 인해 좌절하거나 주저앉는 것이 아니라, 오히려 그 풍파 때문에 환난을 벗어나고 그 풍파 때문에 더 높이 올라가게 된다.

찬송가 503장의 "큰 물결 일어나 나 쉬지 못하나 이 풍랑 인연하여서 더 빨리 갑니다"라는 가사처럼 인생에 불어닥친 역풍은 우리를 더 성숙하게 만든다. 풍랑이 일어야 배가 앞으로 나아갈 수 있다. 바람이 불지 않으면 돛을 올려도 앞으로 나아갈 수가 없는 것이다. 우리가 살아가는 현실에는 반드시 문제가 있다. 문제라는 파도가 밀어닥치면 그 파도를 넘어가려고 하지 말고 파도를 타면 된다. 문제를 해결하려고 애쓰지 말고 문제 자체를 즐기면 된다. 이런 담대함이 있으면 오히려 문제 때문에 더 빨리 갈 수 있게 된다. 유능한 항해사는 역풍이 불어오면 오히려 그것을 이용해서 목적지까지 배를 안전하게 끌고 간다.

우리를 향한 하나님의 본심은 우리 인생에 폭풍이 불어닥쳐도 그 바람을 타고 독수리가 날개 치며 올라가는 것 같은 삶을 사는 것이다. 우리는 날개를 펴기만 하면 된다. 날개를 펴서 인생의 바람을 즐기고, 하나님께서 나를 더 높은 곳으로 이끄시고 환난을 벗어나게 하신다는 것을 깨닫는 자가 되어야 한다. 그곳에 있으면 필경 사망의 길로 갈 것이기 때문에 우리를 건져내어 달려가게 하시는 것이다. 이것이 하나님이 우리를 형통한 길로 이끄시는 고속코스인 것이다. 요셉의 생애와 같이 10년, 20년이 지날 때까지는 감사할 조건도, 미래에 대한 소망도 보이지 않을 수 있다. 그러나 세월이 지나고 나면 모든 것이 다 의미가 있었음을 알게 된다. 하나님의 역사와 섭리와 경륜은 세월이 지나야 깨달을 수가 있다.

"우리가 선을 행하되 낙심하지 말지니 피곤하지 아니하면 때가 이르매 거두리라"(갈 6:9)라는 말씀을 기억하자. 꿈을 가지고 선을 행하고, 하나님 앞에서 믿음으로 살아가고자 할 때는 낙심할 일이 많이 생긴다. 그러나 그럴 때에도 낙심하지 말 것을 성경은 권고하고 있다. 마음을 강하고 담대하게 해야 한다. 피곤하지 아니하면 때가 이르매 거둔다고 하나님은 약속하셨다.

예수 믿는 사람에게 피곤한 생활이란 존재하지 않는다. 은혜를 받으면 피곤도 물러가게 된다. 은혜를 받으면 시험도 환난도 축복이 되는 것이다. 그러므로 선을 행할 때 낙심되어 중단하고 싶은 순간이 찾아오더라도 마음을 지키고 피곤해하지 않으면 때가 되어 거두게 된다. 하나님의 때가 이르러야 거두게 되는 것이다. 눈물의 때가 차야 되고, 기도의 때가 차야 되며, 환난의 때가 차야 된다. 때가 차야 기도 응답의 역사가 일어난다. 그러므로 인내와 성실로 하나님의 때를 기다리며 기도해야 한다.

야베스는 이스라엘의 하나님께 환난을 벗어나게 해 달라고 기도했다. 하나님은 우리를 축복하실 때 반드시 고난으로부터 피할 길을 내어 주신다. 감당치 못할 시험이란 없다. 현실적으로 감당하기 어렵다고 느껴지는 시험을 당할 때에도 각오를 세워 부딪치면 감당할 수 있게 된다. 하나님께서 감당치 못할 시험은 허락하시지 않겠다고 약속하셨기 때문에 우리는 안전한 전제를 갖고 있는 셈이다. 우리 앞에 놓인 고난에는 언제나 피할 길이 예비되어 있으므로 고난에 맞닥뜨리는 일에 두려움이 없다.

나의 환경과 처지와 사명이 어떠한 것이든 그 모든 것은 하나님께서 허락하신 현실이므로 기꺼이 감당해야 한다. 어떠한 어려운 일에 처할 때에라도 동요하거나 두려워할 필요가 없다. "사람이 감당할 시험밖에는 너희에게 당한 것이 없나니 오직 하나님은 미쁘사 너희가 감당치 못할 시험 당함을 허락지 아니하시고 시험 당할 즈음에 또한 피할 길을 내사 너희로 능히 감당하게 하시느니라."(고전 10:13) 이것은 하나님의 약속의 말씀이다.

하나님은 피할 길을 열어 주시고 환난을 벗어나게 하신다. 하나님은 우리를 복 있는 환경으로 인도하시는 것이 아니라 우리를 복 있는 사람으로 만드신다. 하나님이 요셉을 복 있는 환경으로 인도하셨던 적은 없지만, 요셉을 복 있는 사람이 되게 하셔서 요셉이 섬기는 보디발의 집에 복을 내리시고 요셉의 범사를 형통하게 하셨다.

하나님께서 허락하신 현실을 인정하고 어떤 힘든 환경이라도 감당해 가고자 하는 의지가 있을 때, 하나님은 지혜와 능력과 물질과 건강을 주시고 도울 자를 보내어 주셔서 그 환난으로부터 벗어나게 하신다.

야베스의 기도는 근심이 없게 해 달라는 기도였다

"근심이 없게 하옵소서."(대상 4:10)

야베스가 마지막으로 기도한 것은 근심이 없게 해 달라는 것이었다. 많이 받고 크게 받는 복도 중요하지만 근심이 없는 삶을 사는 복을 받아야 한다. 물질적으로 부유하고 풍족한 삶을 사는 것도 중요하지만 평안하고 근심이 없는 삶을 살아야 한다. 지금 우리의 삶은 수많은 영역에서 과거와는 비교할 수 없을 정도로 쾌적하고 윤택하며, 주거 공간 역시 기계화되고 현대화된 시스템으로 변하고 있지만, 심령은 오히려 더 상하였고 우리의 머리 속은 더 혼란에 빠져 있다. 우리는 인간공학적으로 설계된 침대에서 부드럽고 포근한 이불을 덮고 자지만, 대부분의 사람들이 과거에 비해 깊은 단잠을 자지 못하는 것이 현실이다.

근심이 없는 복이란 소유가 많고 넓은 집에서 사는 물질적인 부요를 뜻하는 것이 아니라 하나님께서 주시는 진정한 평강을 누리는 삶을 말한다. 이러한 근심 없는 평강의 복을 받아야 짧은 시간을 자도 단잠을 자게 되고 적게 먹더라도 좋은 영양분이 된다.

하나님은 야베스의 "근심이 없게 하옵소서"라는 기도를 들으시고 그에게 근심이 없는 복을 허락하셨다. 그의 과거는 '수고'와 '고통'이었고 그 어머니는 야베스를 볼 때마다 수고로운 출산 과정을 떠올리며 한탄하였지만, 하나님은 야베스의 기도를 들으시고 그 세월의 뒤편에 근심이 없는 평강의 삶을 허락하셨다.

우리도 이러한 평강의 복을 받아야 한다. 출세하고 성공하는 사람이 되기 보다 근심이 없는 사람이 되어야 한다. 하나님은 우리에게 필요한 것을 아시기 때문에 이러한 복을 주시기를 원하신다. 야베스가 이런 기도를 할 때 하나님은 그가 구하는 모든 것을 허락하셨다.

우리도 야베스처럼 복을 받는 기도의 사람이 되어야 한다. 과거가 고통이든 수고이든 상관이 없다. 오늘 나의 아버지 하나님께, 이스라엘의 하나님께 아뢰어 구하고 기도하면 하나님께서 그 구하는 모든 것을 허락하신다. 수고로이 낳은 아들이 환난과 근심에서 벗어나 그 형제들보다 존귀한 자가 된 것처럼, 우리가 복의 근원으로 살기를 원하시는 하나님은 기도할 때에 우리의 이름을 '존귀한 자'로 바꾸어 주신다.

그러므로 우리도 "주께서 내게 복에 복을 더하사 나의 지경을 넓히시고 주의 손으로 나를 도우사 나로 환난을 벗어나 근심이 없게 하옵소서"라는 기도로써 그 구한 모든 것을 허락받고 매일의 삶 속에서 놀라운 기적을 누리는 자들이 되어야 한다.

소원의 항구로 인도하시는 하나님

"저희가 평온함을 인하여 기뻐하는 중에 여호와께서 저희를 소원의 항구
로 인도하시는도다 여호와의 인자하심과 인생에게 행하신 기이한 일을
인하여 그를 찬송할지로다."(시 107:30-31)

부흥하고 성장하는 교회의 특징은 성도들의 얼굴이 행복해 보
인다는 것이다. 자신이 속한 교회에 대해 자긍심을 가지고 있고,
그 교회의 성도라는 것에 대해 행복감을 가지고 있으므로 표정이
밝을 수밖에 없다. 교회를 통해 행복감을 느끼는 사람만이 교회
사역을 잘 감당할 수 있고 아름다운 봉사를 할 수 있다. 누가 권면
하거나 시키기 때문이 아니라 신바람이 나서 자원하는 마음으로
찬양하게 되고 봉사하게 된다. 자신이 속한 가정과 일터와 교회에
서 마음에 행복감을 느끼는 사람은 자신뿐 아니라 다른 사람까지

신바람 나게 만든다. 그래서 부흥하는 교회의 성도는 행복하다.

그러나 행복이란 아무때나 느껴지는 것이 아니다. 행복하고 싶어도 행복해지지 않는 때가 있다. 그러면 성도들의 얼굴이 행복해 보이는 때는 언제인가? 그 사람의 마음속에 믿음, 소망, 사랑이 거할 때 행복의 표정이 그 삶에 드러나는 것이다.

예수 믿는 사람들은 나이가 들어가면서 얼굴에 그리스도의 흔적이 나타나야 한다. 예수 믿지 않는 사람의 입에서도 "저 사람의 얼굴은 달라 보인다", "저 사람은 예수 믿는 사람 같다"라고 하는 말을 들을 수 있어야 한다.

성경에 나오는 많은 여인들은 그 얼굴이 아름다웠다. 아브라함과 사라가 가나안 땅의 기근을 피하여 애굽으로 내려갔을 때, 아브라함은 그의 아내 사라가 60세의 고령임에도 매우 아름다웠기에 애굽 사람들이 자신을 죽이고 사라를 빼앗지 않을까 염려하여 그들에게 자신의 아내를 누이라고 속였다(창 12:10-15). 에스더는 사촌오빠 모르드개 밑에서 고아로 자랐지만 모든 사람의 꾐을 받았으며(에 2:15), 곱고 아름다워서 아하수에로 왕으로부터 모든 여자보다 더욱 사랑받았다고 기록되어 있다.

사라와 에스더와 같이 하나님께서 귀하게 들어 쓰셨던 여인들의 아름다움은 단지 그들의 외모 때문이 아니라 그들의 마음속에 있는 믿음과 소망과 사랑 때문이었다.

마음으로 믿고 입으로 시인하다

믿음이란 무엇인가? 히브리서 기자는 믿음이란 바라는 것들의 실상이라고 하였다(히 11:1). 이 말은 우리가 어떤 것을 진정으로 바라며 소원을 두고 기도했을 때, 그 기도가 실제로 이루어진다는 것을 뜻한다. 즉 소원을 가지고 기도하면 하나님이 그것을 허락해 주신다는 말이다.

믿음이 좋은 사람은 약간 지나쳐 보이는 경우가 종종 있다. 믿음이 좋은 사람은 자기를 염려하거나 현재의 처지나 상태를 고민하는 것이 아니라 하나님이 복 주실 것을 미리 내다보기 때문에 얼굴이 밝고 긍정적이다. 이것을 믿음의 외상이라고 한다. 미래에 복 주실 하나님의 세계를 내다보는 사람들은 현실적이지 못한 삶의 태도로 인해 지나쳐 보이는 경우가 있으며, 때로 철없이 느껴지기도 한다.

그러나 믿음이 좋은 사람은 누구나 현실에 얽매이지 않는다. 하나님이 축복하실 것을 미리 앞당겨서 이미 받은 것처럼 인식하고 산다. 지금은 애통하고 가난하고 핍박을 받아도 이미 천국을 소유한 자로서 그 심령이 시온의 대로를 걷고 있기 때문에 마음에 구김살이 없다. 또한 그 마음에 담대함이 있다. 예수를 믿으면 하나님의 자녀가 되는 권세를 받게 되기 때문에 담대하게 살아가게 된다(요 1:12).

우리는 흔히 자동차를 운전할 때 교통순경만 보아도 괜히 가슴이 철렁 내려앉는다. 교통 법규를 위반한 일이 없는데도 속도를 줄이게 되고, 교통순경이 손을 들면 주행하던 모든 차가 정지한다. 교통순경에게도 이러한 권세가 있는데 하나님의 자녀가 되는 권세를 받은 우리가 당당하게 살지 못한다는 것은 역설적인 일이다. 현실적으로 약간 부족함이 있더라도 주눅 들 필요가 없으며 약간 지나친 듯 살아도 무리가 없다.

믿음이 있는 사람은 믿음으로 인하여 기쁨과 행복이 있고 신바람 나는 삶을 산다. 믿음은 바라는 것들의 실상이기 때문에 10년, 20년 뒤에 하나님이 복 주실 것을 예견하고 그 약속을 미리 받은 것처럼 살아가는 것이다.

그러나 마음으로 바라는 것이 전부가 아니다. 주님을 향한 믿음이 있는 사람은 반드시 기도에 힘써야 한다. 상황을 늘 이성적으로만 판단하는 사람에게는 아무런 응답도 기적도 일어나지 않는다. 믿음과 기도는 양 날개처럼 병행되어야 하는 것이므로 주님의 권능을 믿는다면 반드시 기도하는 삶을 살아야 한다.

예수님께서도 믿음에 대한 비밀을 말씀하시면서 "너희가 만일 믿음이 한 겨자씨만큼만 있으면 이 산을 명하여 여기서 저기로 옮기라 하여도 옮길 것이요 또 너희가 못할 것이 없으리라"(마 17:20)고 하셨다. 믿음이 있는 사람의 기도는 산을 바다로 옮길 수 있다. 하나님께는 능치 못할 일이 없기 때문이다.

겨자씨는 팔레스타인의 농부가 뿌리는 씨 중에서 가장 작은 것에 속한다. 설탕 알갱이보다도 작은 씨이지만 그것이 다 자라면 보통 약 1.5미터에 달하고, 토양이 좋은 곳에서는 약 3~4.5미터까지 자란다. 겨자씨가 자라 나무가 되면 누가복음서의 말씀처럼 공중에 나는 새들이 날아와 둥지를 만든다(눅 13:19).

우리의 믿음도 이와 같은 것이다. 겨자씨 같은 작은 믿음만 있어도 그것은 숲을 이루는 역사를 만들어 낸다. 믿음의 사람은 겨자씨 속에서 숲을 보는 안목이 있다. 그러므로 현실을 분석하고 평가하기보다는 하나님이 주실 일들을 바라고 기도하는 것이 중요하다.

로마서에서 사도 바울은 "사람이 마음으로 믿어 의에 이르고 입으로 시인하여 구원에 이르느니라"(롬 10:10)고 하였다. 그러므로 그 사람이 무엇을 믿느냐, 마음에 어떤 꿈, 어떤 소원, 어떤 비전, 어떤 기도 제목을 가지고 있느냐가 중요하다. 머리와 마음속에 큰 꿈이 있고 큰 기도 제목이 있는 사람은 자신이 꿈을 꾸는 만큼, 기도 제목만큼 이룰 수 있게 된다. 크게 될 사람은 꿈이 다르고 기도의 단계가 다르다. 마음으로 믿어 의에 이른다고 했으므로 마음속에 품고 있는 생각과 소원이 무엇인지가 중요하다. 또한 입으로 시인하여 구원에 이른다고 했으므로 인정하는 말을 하는 것이 중요하다.

성경에 나오는 인물 중에서 마음에 믿는 것을 입으로 시인하여 축복을 받은 대표적인 사람으로 예수님의 모친 마리아를 들 수 있다. 천사 가브리엘이 그녀를 찾아와 그녀가 하나님의 아들을 낳게 될 것이라는 메시지를 전해 주었을 때 "주의 계집종이오니 말씀대로 내게 이루어지이다"(눅 1:38)하고 입으로 시인하였다.

예수님의 모친 마리아는 입으로 잘 시인하였을 뿐만 아니라 말씀을 마음에 잘 품는 사람이었다. 예수님이 열두 살 되셨을 때 마리아와 요셉은 유월절을 지키기 위해 예수님과 함께 예루살렘으로 올라갔다. 유월절 기간이 끝나 고향으로 돌아오던 중에 그들은 예수님이 따라오지 않았다는 사실을 알고 급히 예루살렘으로 되돌아가 사흘만에 성전에서 예수님을 발견하였다. 그때 마리아가 예수님을 책망하자 예수님은 자신이 하나님의 아들이심을 드러내는 말을 하였다(눅 2:49). 그 말의 의미를 잘 이해하지는 못했으나 예수님의 모친 마리아가 이 모든 말을 마음에 두었다고 성경은 기록하고 있다(눅 2:51).

우리는 마리아가 천사 가브리엘의 예언과 예수님의 모든 말씀을 마음에 품고 있었다는 것을, 갈릴리 가나 혼인 잔치의 작은 사건을 통해 알 수 있다. 포도주가 없다고 하는 하인들에게 마리아는 "너희에게 무슨 말씀을 하시든지 그대로 하라"(요 2:5)고 말하며 예수님의 능력에 대한 신뢰를 암시했던 것이다.

구약성경에 등장하는 많은 믿음의 사람들 역시 하나님의 말씀을 마음에 잘 품는 사람들이었다. 하나님은 온통 죄악으로 물든 세상을 심판하시려는 계획을 노아에게 알리시고 노아와 그의 가족들을 구원할 수 있는 방주를 예비하라고 명령하셨다(창 6:5-22). 노아는 120년 동안 그 말씀을 마음에 품고 의심 없이 순종함으로써 구원을 얻을 수 있었다.

아브라함 역시 늘 하나님의 뜻을 살피고 찾았으며, 믿음 가운데 하나님을 의지하고 그 뜻에 순종하기를 온 생애에 걸쳐 힘썼던 사람이었다. 그는 "너는 너의 본토 친척 아비 집을 떠나 내가 네게 지시할 땅으로 가라 내가 너로 큰 민족을 이루고 네게 복을 주어 네 이름을 창대케 하리니 너는 복의 근원이 될지라"(창 12:1-2)라는 하나님의 명령을 마음에 품고 순종함으로써 마침내 복의 근원이 되어 믿음의 조상이라 일컬어지는 삶을 살았다. 사라, 이삭, 야곱, 요셉 등 많은 믿음의 사람들이 하나님의 음성을 듣고 꿈을 꾸었으며 그 꿈을 오랫동안 가슴에 품고 믿음으로 성취하였다.

그래서 마음에 무엇을 소원하고 기도하느냐가 중요하다. 또한 그것을 믿을 뿐만 아니라 입으로 시인하는 것이 중요하다. 말이

씨가 된다는 옛 속담처럼 마음의 소원을 입으로 시인할 때 그것이 축복의 근원이 된다. 인간은 마음에 가득한 것, 즉 마음에 품고 있는 것을 말하게 되어 있다. 우리 마음은 저수지와 같기 때문에 그 안에 담고 있는 것을 말로 드러낸다. 좋은 꿈을 소유한 사람은 그 꿈과 비전을 나누어 주고, 쓰레기를 소유한 사람은 쓰레기를 나누어 준다.

그러므로 마음에 큰 꿈과 소원이 있다면 우리의 언어와 행실을 그러한 것들로 가득 채워야 한다. 입으로 시인하는 것이 중요한 이유는 말의 고백이 미래를 창조하기 때문이다. 씨앗은 하나의 과정적인 형태로서 결과를 지향하고 있으며, 씨앗의 종류에 따라 결실을 맺게 되어 있다. 믿음의 말을 심으면 믿음의 열매를 맺게 되는 것이다. 입으로 말하는 것은 힘이 있고, 그것이 우리의 미래를 창조하기 때문에 믿음의 말, 소원의 말, 비전의 말을 마음에 심어야 한다. 그리고 그것을 시인하고 선포해야 한다.

먼저 소원을 가지는 것이 중요하다

마음으로 믿기 위해서는 소원을 가지고 있어야 한다. 시편 107편 30절에 "저희가 평온함을 인하여 기뻐하는 중에 여호와께서 저희를 소원의 항구로 인도하시는도다"라는 말씀이 있다. 여기서 소원의 항구로 인도하신다는 말은 우리가 소원만 가지고 있어도 하나님께서 그 소원을 통해 역사하시고 결국 그곳으로 인도하신다는 뜻이다. 하나님은 내가 기도하다가 잠이 들더라도 잠자는 그 순간에 천사를 통해 역사하실 수 있는 분이다. 그 사람이 어떤 사람이냐를 평가할 때 그 사람 속에 어떤 꿈과 소원과 기도 제목이 있는지를 아는 것이 중요하다. 하나님께서 우리에게 주신 소원에 따라 우리 삶의 행보가 달라지기 때문이다.

하나님께서 우리에게 원하시는 것은 무엇보다 먼저 소원을 갖는 일이다. 비전을 성취하기를 원하는 사람은 그에 합당한 정직한 소원을 가져야 한다. 꿈과 소원은 결국 모든 환경을 초월하는 능력이 되고 미래를 창조하는 재료가 되기 때문에, 마음에 소원을 두고 그 소원을 위해 기도해야 한다.

성공한 사람들의 기도는 분명 다른 점이 있다. 그 사람의 기도를 들어 보면 그 사람의 신앙을 알 수 있고 그 사람이 하나님 앞에서 어떤 꿈을 꾸는지, 그리고 어떤 믿음의 규모를 가지고 살아가는지를 알 수 있다. 우리들이 가진 꿈과 소원은 객관적으로 허황된 것일 수도 있고 불가능하게 보일 수도 있다. 그럼에도 불구하고 그것이 하나님으로부터 온 것이라면 갈수록 선명해질 것이다. 처음에는 아주 희미한 것 같지만 그 꿈을 잃지 않고 약속의 말씀에 의지하여 기도할 때, 마침내 그 꿈은 선명해지고 소원의 항구에 이르게 될 것이다.

소원은 미래를 향해 나아가는 원동력이 되므로 그것을 품은 자를 위대하게 만들고야 만다. 소원을 품는 것은 사람이지만 그 사람을 만들어 가는 것은 그가 가지고 있는 소원이다. 그러므로 마음의 소원을 가지고 있는 사람은 현재의 모습의 어떠함과 상관없이 위대하고 아름답고 희망찬 미래가 있고 소망이 있다. 소원을 품는 사람은 목표를 설정하며, 분명한 인생의 방향성을 갖고 있다. 마침내 이르러야 할 소원의 항구가 어디인지 알기 때문에 진지한 삶을 살게 되고 포기하지 않는 믿음의 삶을 살게 된다.

히브리서 11장 1절에서 믿음은 바라는 것들의 실상이라고 말하고 있듯이 믿음이 있다는 것은 바라는 것이 있다는 뜻이고, 바라는 것이 곧 소원이다. 그러므로 소원이 있다는 것은 그 안에 믿음이 있다는 것이고, 하나님에 대한 믿음이 있다는 것은 하나님의 약속의 말씀을 믿는 것이 된다.

하나님은 출애굽한 이스라엘 백성들에게 십계명을 주실 때에도 하나님의 약속의 말씀을 지키는 자에게는 천 대(千代)까지 은혜를 베푸신다고 말씀하셨다(출 20:6). 여기서 천 대까지란 복수적인 의미로서 수천 대까지, 즉 영원토록 복을 받는 것을 말한다.

마음속에 소원을 품고 하나님의 말씀대로 살면 반드시 하나님의 복을 받게 되어 있다. 하나님의 약속의 말씀을 붙잡고 마음의 소원을 가지고 기도해야 한다. 소원을 품을 때는 그것을 기도 제목으로 구체화시켜서 약속의 말씀을 근거로 기도해야 한다. 기독교는 말씀의 종교이므로 "주여, 이 말씀대로 될 줄로 믿습니다"라고 하는 확신을 가지고 기도해야 한다. 그렇게 할 때 야베스의 기도처럼 더하여지는 복을 받게 된다. 하나님은 우리의 작은 신음소리에도 응답하시는 분임을 기억하자.

구약성경에 나오는 한나라는 여인은 이스라엘의 위대한 사사였던 사무엘의 어머니이자 에브라임 사람 엘가나의 아내였다. 한나는 오랫동안 자식이 없어서 엘가나의 또 다른 아내인 브닌나에 의해 괴롭힘을 당해 왔던 여인이었다(삼상 1:1-6). 그녀는 관습을 따라 매년 실로에 있는 성소로 제사를 드리러 올라가서 만일 여호와께서 아들을 허락해 주신다면 그 아이를 드려 여호와를 섬기게 하겠다고 서원하였다. 한나가 그러한 슬픔을 토로하며 여호와께 그 심정을 통하였을 때(삼상 1:12-15), 하나님이 그 간구와 소원을 들으시고 사무엘이라는 아들을 허락하셨다. 한나가 그녀의 심정을 여호와께 통했다는 것은 하나님과의 진실한 커뮤니케이션이 이루어졌다는 말이다. 한나가 마음의 소원을 품고 기도했을 때 하나님께서는 그녀의 한 맺힌 기도에 응답해 주셨다. 소원을 가지고 기도할 때 하나님은 이처럼 소원의 항구로 인도하신다.

시편 107편 31절은 여기서 더 나아가 "여호와의 인자하심과 인생에게 행하신 기이한 일을 인하여 그를 찬송할지로다"라고 말씀하고 있다. 인생에게 행하신 기이한 일을 찬송하는 사람들은 그 삶에 이미 기이한 복을 받은 사람들이다. 사회적으로 혼란하여 온갖 인간적 방법늘이 난부하는 시대에는 우리의 상식을 뛰어넘는 하나님의 기이한 복이 필요하다.

하나님은 소원을 가진 자를 기이하게 인도하신다. 기적으로 이끄신다. 룻이 엘리멜렉의 친척 보아스의 밭에서 이삭줍기를 하다가 보아스를 만나게 된 것처럼 하나님은 우리가 알지 못하는 영적 세계에서 이적과 기사를 준비하고 계신 것이다. 기이한 복을 구하는 것은 우리에게 꼭 필요한 것으로 응답해 달라는 기도이다. 하나님께서는 기도하는 자에게 놀라운 복을 허락하신다. 세상적으로는 이해할 수 없는 만남의 복과 형통의 복을 주신다.

소원을 가진 자는 원한 맺힌 기도를 해야 한다

그러면 소원을 가진 자는 어떻게 기도해야 하는가? 원한 맺힌 기도를 해야 한다. 예수님은 항상 기도하고 낙망치 말아야 될 것을 비유로 말씀하시면서 과부의 원한 맺힌 기도에 대해 언급하신다(눅 18:1-8). 기도하는 것이 믿음인데 "인자가 올 때에 세상에서 믿음을 보겠느냐"(눅 18:8)라고 말씀하신다.

하나님은 우리에게 과부처럼 원한을 가지고 기도하기를 요구하신다. '하나님을 두려워하지 않고 사람을 무시하는 재판관도 번거로움을 해소하기 위해 과부의 원한을 풀어 주는데, 하늘에 계신 하나님께서 밤낮 부르짖는 택하신 자들의 원한을 왜 풀어 주지 아니하시겠느냐? 왜 오래 참으시겠느냐?' 라고 물으신다. 기도는 믿음 없이는 할 수 없는 것이므로, 믿음이 있는 자들이 하나님께 부르짖는 것은 당연하다.

예레미야 33장 3절에서도 "너는 내게 부르짖으라 내가 네게 응답하겠고 네가 알지 못하는 크고 비밀한 일을 네게 보이리라"고 말씀하신다. 시편 81편 10절에서도 "네 입을 넓게 열라 내가 채우리라"고 하셨으므로 이것이 하나님의 뜻임을 알고 채우심을 바라면서 구하는 삶을 살아야 한다. 기도 없이는 소원을 이룰 수 없다.

기도하고 부르짖는다는 것은 그 사람에게 소원이 있고 꿈이 있다는 것의 반증이다. 성취해야 할 영적 과업이 있고 이루어야 할 하나님의 뜻이 있는 사람들은 기도하기를 쉬는 죄를 범해서는 안 된다. 하나님은 기도를 통해 일하시겠다는 자신의 원칙을 포기하지 않으신다. 그러므로 우리가 아무것도 구하지 않으면 어떤 것도 이룰 수가 없다. 하나님은 구하고 찾고 두드리는 자에게 하늘 문을 열어 주시겠다고 약속하셨다(마 7:7).

성경은 기도에 대해 매우 적극적인 태도를 가르치고 있다. 누가 복음 18장에 나오는 과부의 청원처럼 기회가 있는 대로 아뢰고 부르짖는 적극성이 우리의 기도에 요구되는 것이다. 하나님은 우리의 기도를 모른 척하지 않으시며 오래 참지도 않으신다. 그러나 우리의 기도는 대개 일회적이고 단발적이며, 이루어질 것을 확신하는 마음으로 드려지기보다는 한낱 답답함을 해소하는 수단으로 전락하고 말았다.

과부란 남편이 없어 기댈 곳이 없는 여인을 말한다. 성경에서 과부는 고아, 나그네와 함께 사회적으로나 경제적으로 혜택을 받지 못하는 계층에 속했다. 물질적 빈곤 때문에 구제에 의탁해야 했던 과부들은 사회적 약자로서 부당한 착취와 불이익을 자주 당했기 때문에 그 삶에 원한이 맺힐 수밖에 없었다. 우리들 역시 각양각색의 고통을 당하며 살아간다. 고통은 종종 하나님의 메시지이기 때문에 이에 대한 반응은 영적 본능일 것이다. 그러므로 자신이 당면한 고통과 원한을 하나님 앞에 호소하며 하나님의 바른 정의가 그 영역에 임하기를 간구해야 한다. 우리의 가족이, 우리의 교회가, 우리의 민족과 나라가 하나님 앞에 복을 받고 잘 되기 위해 원한을 품고 중보의 기도를 해야 한다. "우리 가정에 물질의 복을, 평안의 복을 주시옵소서! 우리 교회에 부흥의 복을 주시옵소서!" 이러한 원한 맺힌 기도를 하는 것은 하나님의 뜻이다.

소원보다 강한 동기를 제공하는 것이 원한인 것을 기억하고 누가복음 18장의 과부처럼 하나님께 기도해야 한다. 우리 민족은 한(恨)이 많은 민족이다. 그러므로 원한을 품고 기도하는 것은 한국적인 정서에 잘 반영될 수 있을 것이다. 자녀와 가정과 교회와 나라를 위해 각 영역에 맺힌 원한들이 주의 뜻으로 승화되도록 간절히 기도해야 한다. 예수님은 낙망치 말고 기도할 것을 말씀하시며 속히 원한을 풀어 주시기 위해 기다리고 계신다. 원한이 가져오는 심리적 억제나 낙망 가운데 거하는 것이 아니라 일어나 기도하라고 격려하신다.

기도는 반드시 점잖게 해야 하는 것이 아니다. 예수님께서도 기도하실 때 애써 더욱 간절히 하셨기에 그 땀이 땅에 떨어지는 핏방울같이 되었다고 성경에 기록되어 있다(눅 22:44). 야곱이 '속이는 자'에서 '이스라엘'로 거듭나게 된 사건은 야곱의 끈질긴 간청에서 기인한 것이었다. 하나님께서 그를 인도하여 브니엘에서 어떤 사람과 씨름하게 되었을 때 야곱은 그 사람이 자신을 축복하기 전에 그를 놓지 않겠다고 결정하였다(창 32:24-30). 야곱은 축복을 받은 후에야 얍복강을 건너갔고 형 에서와의 평화롭고 화목한 만남을 이루게 되었다.

이 시대의 성도들은 자신의 문제에만 몰두해 있어서 상황을 보는 눈이 없고, 좀처럼 시대와 환경에 대해 영적인 원한을 품지 않는다. 그러나 하나님은 우리가 사랑하는 가족의 행복을 위해서, 자기가 속한 교회의 부흥을 위해서 원한 맺힌 기도를 하기 원하신다. 나는 목사로서 교회 부흥에 대한 원한을 가지고 있다. 교회가 부흥되는 것은 하나님 나라의 확장이며, 선교와 구제의 확장이기 때문이다. 속한 제단의 성도가 잘되고 복을 받기를 바라는 것이 목사의 마음이다. 모든 그리스도인들은 궁극적으로 같은 비전과 같은 원한이 있지만, 각자가 서 있는 환경과 위치에 따라 그 영역이 다르다. 그것을 잘 살펴서 하나님이 부르신 기도의 현장으로 나아가야 한다.

하나님께 소원과 원한을 품고 기도하며, 거룩한 야망을 품고 하나님의 교회를 위해 눈물을 흘리며, 주의 복음을 위해 힘쓰며, 참되게 복을 받아 하나님 앞에서 쓰임받기를 원한다면 반드시 하나님께서는 복에 복을 더하시고 소원의 항구로 인도하시고 기이한 복을 주실 것이다.

그러므로 이제 우리의 기도가 달라져야 한다. 이기적인 경계에서 벗어나 한 차원 높은 기도를 드려야 한다. 좋은 기도 제목 하나만 붙들어도 나와 사회의 운명이 달라질 것이다. 앞서간 신앙의 선배들의 삶에서 그 증거를 볼 수 있다.

하나님은 우리 안에 소원을 두고 행하신다(빌 2:13). 하나님의 소원은 특별한 사람에게만 주어지는 것이 아니다. 그러나 그 소원을 받아들이고 비전으로 삼는 사람은 그리 많지 않다. 우리는 마음의 소원이 무엇인지를 잘 살피고 그 소원을 인도해 나가시는 하나님의 섭리를 경험하며 더 큰 소원을 주시기를 간구하는 삶을 살아야 한다.

네 속에도 하나님의 은사가 있다

하나님은 우리에게 축복을 주시기 전에
먼저 고난을 주시고 말씀을 주신다.
그리고 말씀에 의지하여 강하고 담대하게 나아갈 때
우리에게 약속된 땅을 허락하시고 새로운 지평을 열어 주신다.
한 시대를 위해 묵묵히 종의 역할을 감당했던 여호수아를
하나님이 들어 사용하셨듯이,
하나님께 쓰임받는 사람이 되기 위해서는
자신의 자리에서 주어진 역할을 잘 감당하는 자가 되어야 한다.
또한 하나님은 이 시대에 깨어 있는 영적인 한 사람을 통해서
역사와 민족을 새롭게 하시는 분이므로
아브라함처럼 복의 근원이 되기 위해
특징 있는 신앙, 간증 있는 신앙을 가져야 한다.

새 시대 새 일꾼의 조건

"여호와의 종 모세가 죽은 후에 여호와께서 모세의 시종 눈의 아들 여호수아에게 일러 가라사대 … 내가 네게 명한 것이 아니냐 마음을 강하게 하고 담대히 하라 두려워 말며 놀라지 말라 네가 어디로 가든지 네 하나님 여호와가 너와 함께 하느니라 하시니라."(수 1:1-9)

미국의 대통령은 취임할 때 성경에 손을 얹고 서약을 하는데, 그 부분이 바로 여호수아서 1장이다. 그만큼 우리에게 비중 있는 언약으로 읽혀지고 있는 여호수아서는 역사서에 속한다. 이스라엘 백성들이 어떤 법도를 가지고 살아가야 하는지에 대하여 가르치신 말씀이 율법서라면, 역사서는 하나님께서 시대마다 어떤 사람을 통해서 어떻게 역사 하셨는가에 대한 구원 역사를 기록한 것이다.

하나님은 역사를 이끌어 가실 때 반드시 사람을 사용하시는데, 하나님이 쓰시는 사람의 기준은 개인의 객관적 조건에 근거한 것이 아니라 전적으로 하나님의 뜻과 관련된다고 할 수 있다. 다만 우리는 하나님이 사람을 사용하실 때 물질과 건강, 능력, 지식을 때에 따라 공급하신다는 것과, 인간이 가진 지식이나 능력과 같은 객관적인 조건들은 하나님이 사용하지 않으실 때 무의미해질 뿐이라는 것을 알고 있을 따름이다. 이런 면에서 우리 자신의 정체성은 개인의 됨됨이에서 발견되는 것이 아니라 하나님의 부르심에 따라 결정된다는 것을 알 수 있다. 즉, 하나님이 사용하실 때 존귀한 사람이 되고, 그 사람이 가진 것들도 귀한 것이 된다. 여기서 우리가 기억해야 할 것은 하나님이 아무나 사용하지 않으신다는 점이다.

그렇다면 사람을 선택하는 하나님의 뜻은 어디에 있는가? 하나님께서는 전심으로 자기를 찾는 자를 향하여 능력을 베푸시며, 신령과 진정으로 예배하는 자를 찾고 계신다. 그 마음에 합한 자에게 자신의 비밀을 알리시며 그를 통해 뜻을 행하시는 것이다.

여호수아서 1장에는 하나님이 사용하시는 사람의 모델이 나온다. 우리는 하나님이 언제, 어떤 사람을 들어 사용하시는가를 여호수아서 1장을 통해 살펴볼 수 있다.

하나님은 축복을 주시기 전에 먼저 고난을 주신다

1절에 보면 "여호와의 종 모세가 죽은 후에"라는 말이 나온다. 하나님의 구원 역사가 시작되는 역사서의 첫 페이지가 모세의 죽음에서 시작되는 것은 어딘지 모르게 낯선 도입이다. 한 해를 보내고 신년이 시작될 때마다 각처에서 축제가 벌어지는 것처럼 모든 시작이 활기 찬 팡파레와 함께 장대한 기념식으로 구성되어야 할 것 같은데, 역사서의 도입 부분이 이런 우울한 내용으로 시작한다는 것은 의미심장한 일이 아닐 수 없다.

그 이유는 하나님이 축복을 허락하시기 전에 고난을 먼저 주려고 하시기 때문이다. 우리는 이 원리가 적용되는 경우를 많은 영역에서 찾아볼 수 있다. 초대 교회의 경우, 환난과 핍박이 임했을 때 오히려 더 부흥을 체험하고 많은 사람들이 안디옥과 로마로 흩어지게 되었다. 시골 논둑에 불이 붙었을 때 그것을 끄려고 막대기로 치면 그 불꽃이 튀어서 더 번지게 된다. 이처럼 초대 교회는 수많은 어려움 속에서 스데반 집사가 순교하는 사건까지 겪게 되었으나 성도들은 더욱 기도에 전념하였고, 교회는 부흥의 전기를 맞게 되었다. 그들이 기도할 때 성령이 임하였고, 성령이 임할 때 권능이 임하였고, 권능이 임할 때 앉은뱅이가 일어나는 역사가 있었다. 하나님은 우리에게 헛된 고난을 주시는 분이 아니다. 그분은 언제나 축복과 부흥을 염두에 두고 계시다. 우리가 현재 당면하고 있는 환난이 있다면, 그 속에는 분명히 축복의 씨앗이 깃들어 있다는 것을 기억해야 한다.

그에 관한 다른 한 예로 현숙한 여인 룻의 이야기를 들 수 있다. 룻은 예수님의 족보에 등장하는 네 명의 여인 중 한 명이었다. 룻은 순종의 삶으로 인해 하나님의 예비된 축복을 받았던 사람이었으나 그녀에 관해 기록하고 있는 룻기는 "사사들의 치리하던 때에 그 땅에 흉년이 드니라"(룻 1:1)라는 어두운 배경 설명과 함께 시작되고 있다. 사사들이 활동하던 시대는 불완전한 가나안 정복과 거기서 파생된 각 지파간의 알력 등으로 종교와 문화를 유지하는 데 실패한 시대였으며, 그것으로 인한 비극적인 사태가 끊이지 않는 시대였다. "그때에는 이스라엘에 왕이 없으므로 사람마다 자기 소견에 옳은 대로 행하였더라"(삿 17:6)라는 말씀처럼, 백성들은 하나님의 명령과 약속에 순종하기보다 '자기가 적합하다고 생각하는 대로' 혹은 '자기가 즐거워하는 대로' 행하며 자신들의 육신적 안목을 기준으로 삼았다. 우상 숭배가 이스라엘을 잠식하고 사악한 압제자들이 백성들을 괴롭혀 혼란과 고통이 떠나지 않는 시대였다. 이와 같이 정치적, 사회적으로 불안하고 암울한 시대에 흉년이라는 악재까지 겹치게 된 것이다. 사람들의 인심마저 각박하고 흉악한 지경에 이른 때에 하나님은 룻이라는 현숙한 여인을 통하여 이스라엘을 향한 구원 역사의 뜻을 알리셨다.

그러나 룻기서뿐 아니라 룻 개인에 관한 기록 역시 희망적인 암시로 시작되고 있지 않다. 룻이 결혼을 하기 전에 시아버지인 엘리멜렉이 죽었으며, 결혼 직후에는 남편과 시동생마저 죽게 되는 비참한 일이 벌어졌다. 그러나 모압 출신의 이방 여인이었던 룻은 절망을 느끼고 낙담하여 고향으로 돌아간 것이 아니라 그녀의 시어머니가 믿는 이스라엘의 하나님을 섬기기로 결단하였으며, 시어머니 나오미와 함께 유다로 돌아가는 보기 드문 신앙과 충절을 보여 주었다. 룻이 자신의 고난을 영적인 정화 과정으로 받아들이는 동안 하나님은 그녀를 위해 보아스라는 새로운 축복을 이미 예비하고 계셨다.

또한 이스라엘 12지파의 언약 공동체가 붕괴되어 가던 사사 시대의 말기에 하나님은 또 한 사람의 일꾼을 준비시키고 계셨는데, 그가 바로 이스라엘의의 마지막 사사였던 사무엘이었다. 사무엘은 아이를 낳지 못했던 한나라는 여인이 오랜 기도의 응답으로 얻게 된 아들로서 기다림의 슬픔 가운데 잉태되었으나, 룻과 보아스의 아들인 오벳의 손자 다윗에게 기름을 부어 이스라엘의 왕이 되게 한 축복의 선지자가 되었다.

그뿐 아니라 이스라엘 역사에 있어서 빼놓을 수 없는 인물로 우리는 모세를 들 수 있을 것이다. 모세는 이스라엘의 출애굽을 성공시킨 위대한 지도자였으나 가나안 정복을 눈앞에 두고 죽음을 맞이하였으며, 결국 여호수아를 통해 그 사역이 완성되었다.

이와 같이 만사에는 때가 있다. 모든 사람이 언제나 평강을 경험하고 건강한 삶을 누릴 수는 없다. 다만 우리는 축복의 때를 기다리며 허락하신 그때에 쓰임받는 사람이 되어야 한다. 그러나 그러한 과정에는 반드시 고난과 역경이 뒤따르게 되는데, 이것은 하나님이 예비하신 때를 향해 나아가는 하나의 단계이자 성숙의 통로라고 할 수 있다.

쓰임받는 때를 열어 가는 사람은 자신에게 주어진 고통을 다스리고 소화하지만, 어떤 이들은 고통과 함께 몰락하며 그때를 닫아 가기도 한다.

여호수아는 모세가 죽기 전에 그의 후계자로 임명되어, 모세가 죽은 후에 이스라엘 백성을 이끌고 가나안 땅을 정복하여 모세의 사역을 완수한 인물이었다. 그러나 여호수아는 그러한 일이 맡겨지기 전에는 모세의 시종이었다(수 1:1). 그는 모세가 시내산에 올라가서 하나님을 만나는 40일 동안 모세를 시중들었으며(출

24:13), 회막의 관리자로 있으면서 모세를 도왔고(출 33:11), 모세의 예언 직무를 열렬히 보호하기도 하였다(민 11:26-29).

우리가 미래의 어떤 비전을 꿈꾼다면 그것을 바라기 이전에 여호수아와 같이 현재 자신에게 맡겨진 일에 충실해야 한다. 이것은 세상의 일에서뿐만 아니라 교회의 봉사에 있어서도 마찬가지이다. 축복의 때만을 기다리면서 평범한 일상이나 사소한 고난을 무관심하게 넘기는 것이 아니라 하나님의 마음이 무엇인지를 물으며 그 꿈을 현재로 끌어당기는 삶을 살아야 한다.

하나님께서는 다윗을 왕으로 세우시면서 "내가 이새의 아들 다윗을 만나니 내 마음에 합한 사람이라 내 뜻을 다 이루게 하리라"(행 13:22, 삼상 13:14)고 말씀하셨다. 하나님은 사람을 선택하실 때 단편적인 시각으로 그 개인의 어떤 화려한 시점을 보시는 것이 아니다. 그분은 우리를 구성하게 되는 모든 시간과 과정들을 보고 계신다. 여호수아는 모세의 부재를 대신하여 갑자기 선택된 행운아가 아니라, 모세의 군사부관, 즉 시종이었을 때에도 그 직무에 충실하였기 때문에 하나님이 다윗을 찾으셨을 때처럼 하나님의 마음에 합한 자로 발견되었던 것이다. 그 때문에 여호수아는 이스라엘의 지도자라는 막중한 임무가 주어졌을 때에도 모세와 동일한 지도력을 발휘할 수 있었다.

요셉의 경우도 마찬가지이다. 하나님은 요셉을 정금 같이 쓰시기 위해 13년간 종살이와 감옥살이를 하게 하셨다. 요셉은 형들의 질투로 인해 어린 나이에 애굽의 노예로 팔려 갔을 뿐만 아니라 누명을 쓰고 감옥에 갇히는 등 험한 역경의 삶을 살았으나, 어떤 자리에 있더라도 자신에게 맡겨진 일을 잠정적인 것으로 여기거나 등한시하지 않는 성실함을 보였다. 노예가 되었을 때에도 주인인 보디발을 충실하게 섬겨 주인인 보디발의 신임을 얻고 그 가정의 모든 일을 맡아 관리하는 가정 총무의 일까지 맡게 되었으며, 감옥에서도 사람들의 신임을 받아 제반 사무를 처리하는 중요한 업무를 맡게 되었다. 요셉은 어떠한 상황에 있더라도 자신에게 주어진 일을 소홀히 여기지 않았기 때문에 마침내 하나님의 때에 애굽의 총리가 되었고, 하나님의 뜻대로 나라를 치리하여 7년 동안의 기근 중에도 지혜롭게 국정을 운영할 수 있었다.

대체로 사람들은 앞에 나서기를 좋아하고 우두머리가 되기를 좋아한다. 그들에게 있어서 낮은 자리와 고난의 때는 빨리 지나가야 할 잘못된 운명일 뿐이다. 그러나 하나님은 누구를 사용하시는가? 소리 없이 시종의 역할을 잘 감당했던 여호수아를 사용하셨듯이, 어떠한 상황에 처해 있든지 간에 자신에게 주어진 역할을 잘 감당하는 충실한 사람을 사용하시는 것이다.

여호수아는 모세의 시종으로 40년이라는 긴 시간을 보냈다. 하나님이 크게 쓰시는 사람은 하루아침에 만들어지지 않는다. 하나님의 인물은 결코 순식간에 만들어지는 법이 없다. 큰 나무도 자라는 데 시간이 필요하고, 큰 건물을 짓는 데도 많은 시간이 필요하다. 위대한 작품은 오랜 시간에 걸쳐 완성된다.

그러나 현대 사회는 스피드의 시대이다. 현대인의 가장 무서운 병은 조급병이다. 사람들은 서서히 성장하는 것보다 급성장하는 것을 좋아하고 그것을 자랑거리로 삼는다. 그러나 하나님이 사용하기 원하시는 사람은 준비하는 데 많은 시간을 보내게 하신다. 하나님 앞에서 쓰임받기를 원한다면 자신의 자리에서 준비하면서 묵묵히 때를 기다릴 줄 알아야 한다.

　누구에게나 때가 있다. 미래가 암담해 보일지라도 하나님은 모든 사람들을 위한 계획을 갖고 계시며 각자에게 좋은 하나님의 때를 예비하고 계신다. 나 역시 부정적인 생각에 빠져 있던 때가 있었다. 하나님은 왜 나의 기도를 들어 주시지 않는가? 왜 우리 집만 하나님의 축복을 피해 가는 것일까? 기도를 할 만큼 했는데도 응답은 불투명하게 느껴지고, 준비를 길게 한 것 같은데도 하나님이 나를 쓰시지 않는 것 같았다. 심지어는 수십 년을 기도해 온 일에 길이 보이지 않아 낙담하기도 했고, 집안 형편도 나아지지 않았으며, 기도하는 일에 무슨 의미가 있는지 의심이 들기도 했었다. 그러나 세월이 지나고 뒤돌아 보면 하나님이 내게 가장 좋은 때에 그 기도들을 응답하셨다는 것을 알 수 있었다. 그 축복을 다 감당할 수도 없을 만큼, 하나님은 나의 기다림을 헛되게 하지 않으시고 응답으로 채우셨던 것이다.

　하나님은 준비된 자를 사용하신다. 영적인 눈을 뜨고 보면 서럽고 힘들고 어려웠던 그때가 바로 은혜의 때였음을 알게 된다. 오래 엎드려 기도하며 힘을 비축한 사람들은 때가 되었을 때 하나님 앞에서 귀하게 쓰임받는다. 설교자는 자판기 커피를 뽑듯 신학교에서 뽑아져 나오는 것이 아니라 하나님의 오랜 기다림과 준비를 통해 서서히 만들어지는 것이다. 그렇게 보면 설교 한 편도 10년, 20년이 걸려서 나오는 것이라고 할 수 있다.

　하나님은 모세를 준비시키는 데 80년의 시간을 기다리셨다. 성경에 나오는 인물들 중에 귀하게 사용되었던 사람들은 오랜 준비를 거친 사람들이었다. 그러나 이스라엘의 초대 왕이었던 사울은 고난 없이, 준비 없이 왕이 되었다. 그래서 교만, 불순종, 깨어지지 않는 성품이 그대로 남아 있었고, 2년 후에는 하나님의 버림을 받았다. 하나님은 우리가 고난을 통해 기도하기를 원하시고 준비되기를 원하시며, 그 순간들을 통과할 때 하나님의 음성 듣기를 원하신다.

여호수아서 1장 1절에서도 알 수 있듯이 모세에게는 모세의 때가 있고 여호수아에게는 여호수아의 때가 있다. "모세가 죽은 후에"(수 1:1)라는 것이 인간적인 면에서는 안타까운 소식일 수 있지만, 영적인 면에서는 하나님이 계획하신 구원 역사의 새로운 막을 올리는 전환점이 될 수도 있다. 고난이나 어려움은 그 자체로서 의미가 있는 것이 아니라 역사의 흐름 속에서 재배치되고 새로운 의미로 거듭나 우리를 성장하게 하며, 마침내 축복의 길로 안내한다. 성경의 많은 예를 통하여 우리가 깨달을 수 있는 것은, 하나님은 축복을 허락하시기 전에 고난을 먼저 주신다는 것이다.

야고보가 초대 교회의 성도들에게 보낸 편지의 "내 형제들아 너희가 여러 가지 시험을 만나거든 온전히 기쁘게 여기라"(약 1:2)라는 내용에서처럼 예수 믿는 사람에게도 시험은 찾아온다. 시험을 당하게 되면 누구나 어려움을 느낀다. 그런데도 기쁘게 여기라고 권고하는 이유는 그것이 우리에게 결국 복이 되는 기회이기 때문이다. 하나님이 우리에서 시험을 주시는 것은 우리를 곤경에 빠뜨리시려는 것이 아니라, 우리가 감당할 수 있는 시험과 시련 뒤에 안정된 복을 허락하시려는 것이다. 우리는 현재라는 상황에 제한되어 있는 사람들이 아니라 영원을 바라보고 사는 사람들이기 때문에 시험을 당할 때 기뻐할 수 있는 능력이 있다. 시험도,

시련도 당해 보지 않고 온실 안의 화초처럼 자란 사람은 수동적인 삶을 살게 되기 쉬우므로 복이 와도 그것이 복인 줄도 모르고 지나치는 경우가 많다. 그러나 시련과 고난을 통과하여 연단을 받은 사람들은 작은 복이 와도 그것에 민감하게 반응하며 내 은혜가 내게 족하다고 고백하는 감사의 생활을 하게 된다.

'젊어서 고생은 사서 한다'는 말처럼 영적인 고난은 우리를 이롭게 한다. 이것은 축복의 전주곡이며, 예방 주사와 같은 것이다. 예방 주사란 병에 걸리는 것을 예방하기 위해 맞는 주사로서 특정 질병에 면역력을 키우고 또 감염에 대해 유리한 반응을 만들어 내는 기능을 함으로써 질병에 걸리지 않도록 도와준다. 특정한 질병을 예방하기 위해 해당하는 병균을 우리 몸 속에 넣는 것인데, 병균이 들어가서 백혈구와 싸우게 되면 주사를 맞은 부위가 벌겋게 부어 오른다. 백혈구가 병균을 진멸시키면 부은 것이 가라앉게 되는데 그때부터 항체가 생겨 그 병에 대한 면역성이 생기고 이로 인해 건강을 유지하게 된다. 어떤 질병의 예방 주사를 맞게 되면 우리 몸에 그 병에 대한 항체가 이미 형성되어 있으므로 원인 바이러스가 우리 몸에 침입하더라도 질병에 걸리지 않게 된다. 주사를 맞을 때 약간의 고통이 있지만, 주사가 어떤 효과를 가져온다는 것을 알기 때문에 고통이 있다 해서 이것을 피하지는 않는 것이다.

이처럼 영적인 고통을 통과하고 나면 우리의 영혼에 강건함이 찾아온다. 하나님은 우리를 축복하기를 원하시지만 단번에 쏟아 내시지는 않는다. 고난과 시험을 통해서 단련된 우리들이 그 복을 남용하지 않으리라고 신뢰할 수 있을 때 우리에게 예비된 축복들을 부으시는 것이다.

"나의 가는 길을 오직 그가 아시나니 그가 나를 단련하신 후에는 내가 정금같이 나오리라"(욥 23:10)라는 욥의 고백처럼 연단의 과정은 정금 같은 신앙을 우리에게 가져다준다. 정금이란 다른 이물질이 조금도 섞이지 않은 순수한 금을 말한다. 정금은 금광에서 캐내어 온 금광석을 불 속에 넣었다 뺐다 하는 과정을 통해 불순물을 제거함으로써 만들어진다. 이처럼 하나님은 고난이라는 연단을 통하여 우리의 모든 이기적인 모습과 교만의 불순물을 제거해 주시는 것이다. 이렇게 우리가 받을 만한 그릇이 된 이후에 하나님의 축복이 부어진다. 하나님은 그분의 자녀들이 은혜와 복을 잘못 사용하는 일이 없기를 원하신다.

우리는 나사오는 시련과 고통이 하나님의 계획 안에서 주어지는 하나의 기회임을 알아야 한다. 이스라엘 백성들은 모세의 죽음이라는 우울한 상황에 처하게 되었으나 이러한 고난과 시련 이후에 가나안의 약속과 축복이 실현되는 것을 볼 수 있었다. 세월을 지나 돌아보면, 먼저 된 자가 나중 되고 나중 된 자가 먼저 되는 일이 많은 것처럼 하나님께서는 그분의 뜻을 따라 각 사람의 필요에 맞게 고난과 축복을 허락하신다.

하나님은 우리에게 축복을 주시기 전에 먼저 말씀을 주신다

여호수아서 1장 9절에서 하나님은 여호수아에게 "내가 네게 명한 것이 아니냐"라고 말씀하셨다. 여호수아를 지도자로 세우신 하나님은 그에게 능력이나 지혜를 주시기 이전에 먼저 하나님의 명령을 잘 들으라고 말씀하셨다.

하나님은 모세가 죽기 전까지 여호수아와 더불어 직접 말씀하신 적이 없었다. 그런데 이제 "이 율법책을 네 입에서 떠나지 말게 하며 주야로 그것을 묵상하여 그 가운데 기록한 대로 다 지켜 행하라 그리하면 네 길이 평탄하게 될 것이라 네가 형통하리라"(수 1:8)고 말씀하시며 그와 언약을 맺으신다. 이것은 여호수아가 감당하게 될 사역에 있어서 매우 중요한 과정이었다. 아무리 많은 축복과 능력이 주어진다 해도 '말씀'을 통한 방향성이 없다면 축복을 사용하는 데 있어서 길을 잃게 될 것이기 때문이다.

하나님의 백성은 말씀을 붙잡는 자가 되어야 한다. 성도의 영적 건강을 평가하는 기준은 말씀과의 거리에 있다고 할 수 있다. 시험과 환난 가운데서도 흔들리지 않는 사람은 말씀을 가까이 하는 사람이다. 하나님이 여호수아를 세우신 이후에 항상 말씀을 떠나지 말고 가까이 하라고 명령하신 것은 이 때문이다.

하나님은 축복을 주시기 전에 우리가 하나님의 메시지를 알기를 원하신다. 여러 경로를 통해 말씀하시기도 하지만, 특히 그분의 가장 확실한 메시지인 성경을 통해 모든 시간과 장소를 초월하여 우리에게 말씀하신다. 한 사람이 하나님 앞에서 복을 받아 그 뜻대로 성공한 삶을 살아가는 이야기를 간증이라고 한다. '호랑이는 죽어서 가죽을 남기고, 사람은 죽어서 이름을 남기고, 예수 믿는 사람은 죽어서 간증을 남긴다'라는 말이 있는데, 이는 간증이 그리스도인의 삶을 대변할 수 있는 중요한 자취가 된다는 것을 말해 준다. 그리스도인이라면 누구나 하나님과의 관계 속에서 간증을 갖게 된다.

한 개인의 간증을 핵심적으로 정리해 보면 성경의 간단한 몇 구절로도 요약될 수 있다. 하나님은 각 사람에 대한 일관된 계획을 가지고 일정한 언약의 길로 인도하시는 까닭에 많은 경우에 있어서 한 개인의 인생을 성경의 몇 구절로 표현하는 것이 허용되는 것이다.

故한경직 목사님에게 주어진 인생의 메시지는 "항상 기뻐하라 쉬지 말고 기도하라 범사에 감사하라 이는 그리스도 예수 안에서 너희를 향하신 하나님의 뜻이니라"(살전 5:16-18)라는 말씀이었다. 그분은 몸이 약해 폐결핵 3기까지 이르는 심한 질병 가운데 있었지만 항상 기뻐하라는 하나님의 말씀을 붙들고 98세까지 맡은 사역을 감당할 수 있었다.

우리가 하나님의 말씀을 붙들고 살 때 그 말씀이 기도가 되고 소원이 되고 비전이 되며, 하나님의 말씀을 붙들고 살면 내가 말씀을 끌고 가는 것이 아니라 말씀이 나를 끌고 가게 된다. 그래서 하나님의 말씀을 붙들고 사는 사람을 우리는 사명자라고 부를 수 있을 것이다. 故한경직 목사님은 "항상 기뻐하라 쉬지 말고 기도하라 범사에 감사하라"는 성경 한 구절에 자신의 인생을 드렸던 사명자였다.

두레 마을의 김진홍 목사님을 설명할 수 있는 성경 한 구절이 있다면 "내가 새벽을 깨우리로다"(시 57:8)라는 말씀일 것이다. 그는 청계천에서 빈민 선교를 하면서 어둡고 모순적인 세상에 분노를 느꼈던 사람이었다. 그래서 시위에 참가하는 등 세상을 개혁해야 한다는 인본적인 의지를 갖고 있었으나, 감옥에 갇혀 성경을 읽던 중 시편 57편의 "내가 새벽을 깨우리로다"라는 말씀에 깊은 은혜를 받게 되었다. 아무리 칠흑 같고 무서운 어둠일지라도 아침이 오면 물러가듯이 어두움은 빛을 이길 수가 없음을 깨달았던 것이다. 이 한 구절의 말씀으로 그의 인생관이 바뀌게 되었고, 결국 어두움을 탓하는 인생, 다른 사람을 비판하는 인생이 아니라 빛을 찾아서 내가 그 빛을 발하고 전하는 인생이 되자는 결심을 하게 되었다. 이로써 그는 전혀 다른 새로운 인생을 살게 되었다. 이렇게 삶이 바뀐 이야기가 『내가 새벽을 깨우리로다』라는 그의 자서전을 통해 소개되고 있다. 그는 자신이 붙든 한 구절의 성경 말씀을 통해 하나님께서 주신 사명을 확신하고 현재 두레 마을이라고 하는 믿음의 공동체를 이끌어 가고 있다.

가나안 농군학교의 김용기 장로님도 평생을 붙들고 기도했던 말씀이 있었다. 가난한 농군의 아들로 자라난 그는 하나님의 뜻대로 강원도 산골에 가나안 농군학교를 세워 희망 없는 농촌을 말씀으로 일깨우는 사역을 했다. 먹을 것이 없어 고구마로 끼니를 이어 가던 시절에도 그는 "일하기 싫거든 먹지도 말라"(살후 3:10)는 말씀으로 사람들을 일으켜 세우고 '한 끼 먹으면 4시간 일하라', '정신 개척, 하면 된다'라는 급진적인 구호로 농촌을 새롭게 일구어 나갔다. 또한 '배워야 산다', '무식하면 안 된다', '배워서 남 주자'라는 의식을 가난한 농민들의 마음에 심어 주어 그들을 배움의 길로 인도하였다. 그분은 학교 뒷산의 가장 전망 좋은 곳에 기도 굴을 만들고 평생 "너희는 먼저 그의 나라와 그의 의를 구하라 그리하면 이 모든 것을 너희에게 더하시리라"(마 6:33)는 말씀을 붙들고 나라와 민족과 세계 선교를 위해 기도하면서 일생을 사셨다. 김용기 장로님의 개척자적인 정신을 통해 새마을 운동이 시작되고 가나안 농군학교를 통해 가난하고 피폐한 농촌이 깨어 나게 된 것이다.

세계 최대의 교회인 여의도 순복음교회를 세운 조용기 목사님은 "사랑하는 자여 네 영혼이 잘 됨같이 네가 범사에 잘 되고 강건하기를 내가 간구하노라"(요삼 1:2)라는 말씀으로 그 삶과 사역을 움직여 나갔다. 이 말씀은 가난한 개척 교회 시절에 조용기 목사님의 인격과 목회 철학에 녹아 들어가 성도들의 신앙을 이끌어 가는 축복의 메시지가 되었다. 조용기 목사님의 리더십과 그 사역의 역동성을 살펴본다면, 이 말씀이 하나님께서 그에게 주신 메시지로 강하게 작용했음을 알 수 있다.

충현교회의 원로 목사이신 김창인 목사님에게 메시지가 된 것은 "나의 힘이 되신 여호와여 내가 주를 사랑하나이다"라는 시편 18편 1절의 말씀이다. 하나님이 나의 힘과 반석과 요새이시며 피할 산성이 되시기 때문에 오직 내가 할 일은 그분을 사랑하는 것뿐이라는 생각이 그분의 목회철학이 되었다. 그는 교회 구석구석에 이 구절을 붙여 놓고, 늘 이 말씀에 힘입어 사역하였다.

'고구마 전도왕'으로 유명한 김기동 집사의 경우도 예외는 아니다. "영생을 주시기로 작정된 자는 다 믿더라"(행 13:48)는 성경 구절에서 영감을 얻어 '고구마 전도법'이라는 것을 개발하여 지금도 열심히 전도 사역을 하고 있다. 사도행전을 읽은 사람은 많지만, 이 말씀이 특별히 하나님의 메시지로서 그를 감동시켰던 것이다.

신약과 구약성경 66권을 통틀어 수많은 언약의 말씀이 있지만, 특별히 나에게 감동을 주고 나를 사로잡아 하나님 앞에 무릎 꿇게 하는 구절이 있다면, 그것이 하나님이 나에게 주시는 메시지이다. 많은 가르침과 약속들이 있지만, 사실 성경 한 구절만 붙들어도 우리의 기도가 달라지고 인생이 달라지게 될 것이다. 예수 믿는 사람은 누구나 하나님으로부터 받은 메시지를 구해야 한다. 일생의 기도 제목이 되고, 가정을 지키는 기준이 되는 하나님의 메시지를 받은 사람은 흔들리지 않는 신앙을 소유하게 된다.

내가 가장 좋아하는 말씀은 디모데후서 1장 7절의 "하나님이 우리에게 주신 것은 두려워하는 마음이 아니요 오직 능력과 사랑과 근신하는 마음이니"라는 구절이다. 이 말씀이 지금까지 나의 삶을 붙잡는 메시지가 된 계기는, 대학교 3학년에 재학 중일 때 암을 선고받고 내 삶이 한 달도 채 남지 않았다는 이야기를 들었던 절망적인 경험에서 비롯되었다. 그때의 두려움이란 말로 다 표현할 수가 없다. 수술 날짜를 앞두고 신경쇠약, 노이로제, 강박관념에 짓눌려 하루하루를 비참하게 보내야 했다. 마침내 극도로 탈진해서 두려움에 휩싸여 있을 때 성경을 읽다가 이 말씀을 붙잡게 된 것이다. 죽음에 대한 두려움으로 괴로워하던 나에게, 하나님의 본심이 우리에게 두려워하는 마음을 주는 데 있지 않다는 메시지가 다가왔을 때 나는 삶과 죽음의 문제를 떠나 다시 소망을 품게 되었다.

믿음의 사람은 하나님의 말씀을 붙잡아야 한다. 사람의 말은 기준 없이 변화무쌍하지만 하나님의 말씀은 완전한 기준 안에서 살아 있고 운동력이 있다(히 4:12). 그리고 나는 하나님이 우리에게 병을 고칠 수 있는 능력까지 허락하셨다는 것을 믿게 되었다. 위기 속에서 그 말씀을 붙잡고 기도하였기에 하나님의 크신 능력을 체험할 수 있었다.

사람들은 새 시대에 리더십을 발휘하기 위해서는 컴퓨터 실력과 어학 실력을 갖추는 것이 중요하다고 말한다. 그러나 그리스도 인들이 자신들의 삶을 성공적으로 이끌고 많은 사람들에게 영향력을 미치는 존재가 되는 것은 하나님께서 나의 심령에 들려 주신 메시지가 있을 때만 가능해진다. 그러기 위해서는 하나님의 말씀을 깊이 사모해야 한다. 하나님의 말씀에 자세히 주의를 기울일 때 우리에게 빛이 비치고 길이 열린다. 하나님의 말씀은 우리를 지혜롭게 하고, 분별력을 주고, 의를 깨우쳐 준다. 하나님의 말씀이 우리의 인격을 사로잡아 이끌어 나갈 때, 그것이 바로 우리의 비전이 되는 것이다.

하나님은 우리를 축복하시기 전에 먼저 말씀을 주신다. 말씀 없는 하나님의 인도하심이란 있을 수 없으며, 말씀 없는 부흥 또한 있을 수 없다. 하나님으로부터 받은 메시지, 즉 말씀이 우리 안에 없기 때문에 자기 소견대로 살아가게 되고 한결같은 길로 나아가지 못하게 되는 것이다. 하나님과의 깊은 관계에서 말씀을 받은 사람은 '주여! 이 말씀대로 될 줄로 믿습니다' 라는 확신을 가지고 살아가게 된다.

하나님은 여호수아에게 예비하신 축복을 아껴두고 먼저 말씀을 주셨다. 우리도 하나님의 말씀을 깊이 묵상하는 가운데 그 말씀 속에서 승리의 길과 축복의 비결을 발견할 수 있다. 하나님의 말씀은 어떠한 시험과 고난도 이기게 하며, 우리 삶의 방향이 된다.

하나님은 발바닥으로 밟는 곳을 주신다

하나님은 여호수아에게 밟는 땅을 모두 주겠다고 약속하셨다. "내가 모세에게 말한 바와 같이 무릇 너희 발바닥으로 밟는 곳을 내가 다 너희에게 주었노니 곧 광야와 이 레바논에서부터 큰 하수 유브라데에 이르는 헷 족속의 온 땅과 또 해지는 편 대해까지 너희 지경이 되리라."(수 1:3-4) 하나님은 여호수아를 축복하고 사랑하셨지만 그에게 가나안 땅을 한꺼번에 주신 것이 아니라, 한 걸음 한 걸음 여호수아가 밟는 만큼만 그의 지경으로 허락하셨다.

신명기에서도 하나님은 이스라엘 백성들에게 "여호와께서 그 모든 나라 백성을 너희 앞에서 다 쫓아내실 것이라 너희가 너희보다 강대한 나라들을 얻을 것인즉 너희의 발바닥으로 밟는 곳은 다 너희 소유가 되리니 너희의 경계는 곧 광야에서부터 레바논까지와 유브라데 하수라 하는 하수에서 서해까지라"(신 11:23-24)라고 말씀하시면서 여호수아에게 말씀하셨던 것과 동일하게 그들의 발바닥으로 밟는 곳이 그들의 땅이 될 것이라고 하셨다. 발바닥으로 밟는다는 것의 의미는 믿음의 분량대로 행하는 것이다. 또한 하나님을 인정하고 하나님께서 인도하시는 대로 걸어가면 하나님께서 책임지시겠다는 말씀이다.

하나님은 여호수아를 축복하시고 이스라엘의 새로운 지도자로 세우셨지만 그가 스스로 밟은 땅 위에 기적을 베푸셨다. 제사장들이 발바닥으로 요단강을 밟을 때 요단강의 물이 끊어지는 기적이 일어났으며(수 3:13), 그들이 요단강을 빠져 나와 발바닥으로 육지를 밟을 때 물이 다시 흘러 넘쳤다(수 4:18). 그리고 여호수아와 이스라엘 백성들이 여리고 성 주위를 한 걸음씩 밟아 열세 바퀴를 다 돌고 난 후에야 여리고 성이 무너지는 기적을 보여 주셨다(수 6:12-20). 이와 같이 하나님은 약속의 말씀에 의지하여 한 걸음 한 걸음 나아갈 때 기적을 보여 주신다.

오늘날 성도들의 삶을 보면 그 마음에 하나님에 대한 사랑과 신뢰가 있으면서도 좀처럼 움직이지 않으려고 하고 실천하지 않으려고 하는 것 같다. 하나님에 대한 요구나 기대는 크지만, 막상 스스로 움직이지 않는 것이 이 시대 성도들의 취약한 점이다. 그러나 새 시대의 지도자로서 새 시대의 사명을 감당하기 위해서는 여호수아처럼 일어나 가서 발로 밟아야 한다.

'전도불변의 법칙'이라는 것이 있나. 나가면 영접할 심령이 있고 안 나가면 없다는 것이다. 막상 나가기 전에는 과연 전도할 사람을 만날 수 있을까, 나의 빈약한 말재주로 마음을 열게 할 수 있을까 하고 염려하지만, 일단 나가기만 하면 예비된 심령이 반드시 있다는 것이다. 하나님의 사람들은 이러한 하나님의 법칙을 모든 영역에 적용할 수 있어야 한다. 앉아서 꿈만 꾸고 있는 것이 아니라 나가서 하나님이 주신 땅을 밟아야 한다. 아무리 좋은 비전을 갖고 있다고 해도 우리가 움직이지 않으면 그것은 한낱 허황된 공상에 지나지 않을 것이다. 하나님은 우리에게 분명히 약속하셨다. 그분은 우리가 밟는 곳마다 우리에게 주실 것이다. 이 약속을 믿고 나아가는 자에게 영적 성취로 인한 하나님의 기쁨이 나누어질 것이다.

우리가 삶을 살아가고 하나님의 도우심을 구하는 데 있어서, 하나님과 사람에게 반반의 책임 있는 것이 아니라 하나님께 100퍼센트, 사람에게 100퍼센트의 최선이 요구되는 것처럼, 하나님은 전능하시지만 우리가 믿고 구하고 찾고 두드리고 밟을 때 우리에게 필요한 것을 주신다. 모든 것이 하나님께 100퍼센트 달려 있지만, 우리의 입술과 우리의 발에도 100퍼센트 달려 있는 것이다. 우리의 발로 밟는 곳을 다 주시겠다고 한 약속의 말씀을 붙잡고 이제 새로운 경지를 개척해 나가야 한다.

이러한 하나님의 약속을 의지할 때 때로 난관에 봉착하기도 하지만, 그 길을 막으시는 이면에 하나님의 큰 뜻이 숨어 있음을 알고 두려움 없이 나아가야 한다. 바울이 아시아에서 복음을 전하고자 했을 때 성령은 이를 막으셨다(행 16:6-7). 그때 바울 일행이 아시아로 가는 길이 막혀 마케도니아로 갔기 때문에 유럽의 복음화가 이루어지게 된 것처럼, 막으시는 데도 하나님의 뜻이 있다는 것을 기억해야 한다. 그러므로 발걸음을 내디딜 때 두려워할 필요가 없다. 오늘날 많은 성도들이 위축되어 있고, 눈치보느라 움직이지 못하는 사람들도 많다.

하나님이 축복하실 새 땅을 향해 나아가는 지도자는 하나님께서 주실 것을 믿음으로 바라보고 가서 그 땅을 밟아야 한다. 순종함으로 움직일 때 하나님의 기적이 일어나는 것이다.

마음을 강하고 담대하게 해야 한다

하나님께서 새 시대에 우리에게 요구하시는 것은 마음을 강하고 담대하게 하라는 것이다. 하나님은 여호수아에게 세 번이나 반복해서 이것을 당부하셨다(수 1:6,7,9). 하나님께서는 모세가 죽은 후 여호수아를 이스라엘의 새로운 지도자로 세우셨으나 여호수아에게는 아직까지 지도자로서의 권위와 능력이 갖추어지지 않았다. 여호수아는 애굽의 노예 출신으로 40년간 모세의 시종으로 섬겼던 사람이었다.

가나안 땅을 정복해야 하는 엄청난 임무를 부여받은 여호수아에게는 새로운 변화에 잘 적응하는 능력과 변화를 주도해 나가는 능력이 필요하였다. 이처럼 새 시대에 새로운 사명을 감당하고자 하는 사람에게는 강하고 담대한 마음이 필요하다.

모세가 가나안 땅에 열두 명의 정탐군을 보냈을 때 하나님의 약속을 굳게 신뢰했던 여호수아와 갈렙은 다른 열 명의 정탐군과 상황을 보는 시각이 달랐다. 그 보고 내용을 살펴보면 열 명의 정탐군들이 정확하고 사실적인 평가를 내리고 있음을 알 수 있다. 여호수아와 갈렙을 비롯한 열두 명의 정탐군들은 각 지파의 족장들로서 모두 지도자의 위치에 있는 사람들이었다(민 13:4-16). 족장으로서 지파를 대변하며 리더십을 발휘해야 했던 그들은 과학적이고 합리적이며 객관적인 사고에 훈련되어 있었을 것이다. 그들의 보고에 의하면, 가나안 땅은 젖과 꿀이 흐르며 실과도 풍족한 이상적인 곳이었지만 가나안 족속은 철제 무기를 사용하고 있었고, 성읍은 크고 견고했으며, 그 땅의 원주민인 아낙 자손들은 거인족인 네피림의 후손들이었다. 그들에게는 이러한 불리한 조건에서 가나안 땅을 정복한다는 것이 현실적으로나 전략적으로 불가능한 일이라고 생각되었다(민 13:25-29,31-33).

그러나 여호수아와 갈렙은 상황을 객관적으로 평가하는 것을 중요시여기지 않았다(민 13:30). 현실적으로는 불가능해 보이지만 하나님께서 주신다고 이미 약속하셨고 하나님께서 우리와 함께하시므로 두려워하지 말고 그 땅을 취하러 가자고 백성들을 격려하였다(민 14:6-9). 똑같은 상황을 보았지만 열 명의 정탐군들은 '우리는 메뚜기와 같다'(민 13:33)라고 생각하였고, 여호수아와 갈렙은 '그들은 우리의 밥이다'(민 14:9)라고 보았다.

지도자는 결정하고 선택해야 하는 사람이다. 어떤 일을 결정한다는 것은 어려운 책임이며 중대한 일일수록 더욱 그러하다. 선택은 순간이지만 그 결과는 영원하기 때문에 매 순간의 결정들은 너무나 중요하다. 지도자의 선택은 공동체의 방향을 결정하고, 공동체의 운명을 결정하기 때문에 섣불리 이루어져서는 안 된다. 신중하고 합리적인 의사결정이 반드시 필요하다고 할 수 있다. 그러나 하나님의 약속이 분명하다면 상황의 어떠함과 상관없이 담대하게 이를 따르는 것이 현명한 일이다. 새 시대를 감당하고자 할 때 여호수아와 갈렙처럼 마음이 강하고 담대하지 못하면 사단의 밥이 되고 만다. 사단은 다양한 방법으로 우리를 위협하여 무너뜨리려 하기 때문에 하나님의 약속을 붙들지 않으면 마음이 위축되기 쉽다. 찬송가 474장의 가사처럼 이 세상에는 곤고한 일이 많고 참 죽을 일이 많이 쌓여 있다. 우리는 삶의 현장에서 매순간 영적인 전쟁을 치르며 살아가고 있다. 그러나 하나님은 오늘도 우리에게 마음을 강하고 담대하게 할 것을 요청하신다.

마음을 강하고 담대히 하라는 것은, 배짱을 가지고 살아가라는 뜻도 아니고 사회심리학적으로 적극적인 사고방식을 가지라는 뜻도 아니다. 우리가 담대해질 수 있는 유일한 근거는 하나님께서 함께하신다는 사실 때문이다. 하나님께서 주실 땅이므로 믿고 가라는 것이다. 이것이 바로 믿음이다.

머리가 좋고 두뇌 회전이 빠른 사람일수록 믿음이 적은 경우가 있다. 머리가 좋은 사람은 자기 스스로를 믿기 때문이다. 사실 성경에 나오는 약속의 말씀, 기적의 말씀을 보면 상식적인 수준에서는 이해할 수 없는 것이 많다. 열 명의 정탐군들의 보고처럼 '그 땅으로 가면 망한다, 사로 잡혀 죽는다, 우리는 메뚜기 같다' 라는 결론이 나오기 십상이다.

그러나 우리의 머리로는 이해되지 않는다 할지라도 하나님의 약속의 말씀, 생명의 말씀을 붙들면 담대하게 땅을 정복할 수 있다. 나는 자고 보잘것없고 연약해도 하나님이 내게 주시기로 약속하셨을 때 그 약속을 믿고 나가면 거인괴 같은 네피림의 후손 아낙 자손도 '밥' 정도로밖에 보이지 않게 된다.

똑같은 현실을 보더라도 마음이 강하고 담대한 사람은 시각이 다르다. 믿음도 마음에서 비롯되고 시험도 마음에서 비롯된다. 그래서 하나님의 약속의 말씀을 실제의 삶에서 붙들고 살아갈 때 마음에 담력이 생기는 것이다. 마음에 변화가 일어나게 된다. 옛날에는 머리 속으로 먼저 계산한 후에 걸음을 내딛었으나 하나님의 자녀가 되고 나서부터는 하나님께서 무슨 말씀을 주셨는지, 어디로 건너가라고 하셨는지를 먼저 생각하게 된다. 하나님께서 주신 약속만 붙잡으면 망해도 사는 길이 있기 때문이다.

또한 그런 사람들은 상상도 못할 기적들을 보게 된다. 하나님은 신실하신 분이시므로 약속의 말씀을 반드시 성취하시고 이에 더하여 그 꿈과 소원을 반드시 이루어 주시기 때문이다.

하나님은 99세가 되기까지 자식을 낳지 못했던 아브라함에게

"내가 너로 큰 민족을 이루고 네게 복을 주어 네 이름을 창대케 하리니 너는 복의 근원이 될지라"(창 12:2)라는 기이한 약속을 하셨다. 아브라함은 이 약속을 현실의 안경으로 평가하지 않고 모든 상황을 뛰어넘어 하나님의 존재에 집중하였기 때문에 결국 기적에 참예하는 자가 되었다. 이처럼 지금 우리의 삶이 초라하고 시원찮아 보일지라도 하나님은 나를 복의 근원으로 삼으실 수 있다. 시작은 작지만 믿음으로 하나님의 언약을 붙잡을 때 나의 존재는 강을 이루고 바다를 이루게 된다. 보이지 않는 것을 보는 강하고 담대한 믿음이 신앙의 첫걸음인 것이다.

예수 믿는 사람은 어떤 의미에서 궁극적인 낭만주의자가 되어야 한다. 왜냐 하면 전능하신 하나님께서 함께하시기 때문이다. 우리는 하늘과 땅의 권세를 가지신 하나님의 자녀이기 때문에 두려울 것이 없는 존재로 거듭났다.

좌로나 우로나 치우치지 말라

새 시대의 지도자는 마음을 강하고 담대히 해야 할 뿐만 아니라 균형 감각을 가지는 것이 필요하다. 하나님은 여호수아에게 "오직 너는 마음을 강하게 하고 극히 담대히 하여 나의 종 모세가 네게 명한 율법을 다 지켜 행하고 좌로나 우로나 치우치지 말라 그리하면 어디로 가든지 형통하리니"(수 1:7)라고 말씀하셨다. 지도자는 좌로나 우로나 치우치지 말고 바른 길을 걷는 것이 필요하다. 그 기준도 역시 하나님의 말씀이다.

새 시대를 감당하고자 하는 지도자는 교회 생활에서뿐만 아니라 가정이나 직장에서도 영육간의 균형을 유지하여 치우치지 말아야 한다. 교회 생활에는 헌신적인 교인인데 가정에서는 폭군이거나, 혹은 가정에서는 좋은 아버지인데 직장에서는 무능한 직원인, 이러한 치우친 유형의 사람들이 많이 있는 것 같다. 믿음도 성숙하고 생활에도 능력이 있는 사람들을 찾아보기가 어렵다. 믿음의 사람일수록 자신의 가정에서 믿음의 증거를 보여 주어야 한다. 가정에서 균형을 이루지 못할 때 기도가 막히게 되고 영적인 생활에서 혼돈된 삶을 살게 된다. 하나님이 기뻐하시는 생산적인 삶은 안정되고 일관된 내면 세계에서 비롯되는데, 내적으로 소모전을 치르느라 세월을 허송하고 물질과 시간과 에너지를 낭비하는 사람들은 능력 있는 그리스도인이 삶과 거리가 멀 수밖에 없다.

잎이 무성하고 높이 자란 나무일수록 뿌리가 깊다. 마찬가지로 신앙의 내면과 생활의 외양이 조화를 이루어 풍성한 그리스도인의 삶을 살아갈 수 있도록 노력하는 것이 필요하다. 한국 교회는 이제 선교 2세기를 맞이하고 있지만, 신앙에 대한 지식만 쌓여 갈 뿐 삶의 변화가 없고 삶 속에 고백적인 균형도 상실한 상태에 있다. 그러나 "의인의 길은 돋는 햇볕 같아서 점점 빛나서 원만한 광명에 이르거니와"(잠 4:18)라는 말씀대로 신앙의 연륜이 쌓일수록 점점 빛을 발하는 삶이 되어야 한다. 자신의 지식이나 경험에 고착되어 편파적인 태도를 취하거나 주관없이 수동적인 자세를 취하는 것은 모두 균형을 잃은 삶이다. 신앙 생활을 해 나갈수록 점점 원숙하고 인격적인 삶의 자세를 배워야 하며, 이것이 옳은 선택인지를 항상 살피는 제3의 눈을 가져야 한다. 이러한 사람은 자신의 딱딱하고 모난 성품을 버리고 '원만한 광명'에 이르는 것을 연습하게 된다.

여호수아 1장에는 새 역사를 창조해 나가는 데 필요한 모든 원리가 나타나 있다. 하나님은 축복을 주시기 전에 먼저 고난을 주시고 메시지를 주신다. 그리고 약속의 말씀에 의지하여 우리의 발로 그 땅을 밟을 때 새로운 지평을 넓혀 주실 것이다. 현실적으로 불가능해 보일지라도 하나님께서 함께 하심을 믿고 강하고 담대하게 나아갈 때 약속의 땅을 정복하는 자가 되게 하시며, 또한 하나님께 쓰임받는 지도자가 되게 하기 위해 좌로나 우로나 치우치지 않는 균형 잡힌 믿음을 가질 것을 요구하고 계신다. 여호수아 1장에 이러한 큰 비밀이 담겨 있기 때문에 한 나라의 대통령으로 공식 선포되는 자리에서 이 말씀 위에 손을 얹고 기도하는 것이다.

하나님께서 여호수아를 모세 이후의 새로운 지도자로 세우시고 가나안 땅을 정복하는 새 시대의 주인공이 되게 하셨듯이, 우리도 새 역사를 창조해 가는 하나님의 일꾼이 되기 위해서는 여호수아와 같이 하나님 앞에서 훈련받고 준비하는 삶을 살아야 할 것이다.

일어나 건너가라

"… 도망한 자가 와서 히브리 사람 아브람에게 고하니 때에 아브람이 아모리 족속 마므레의 상수리 수풀 근처에 거하였더라 … 아브람이 그 조카의 사로잡혔음을 듣고 집에서 길리고 연습한 자 삼백십팔 인을 거느리고 단까지 쫓아가서 …"(창 14:12-24)

아브라함은 복의 근원이 되고 믿음의 조상이 되는 큰 축복을 받았다. 복의 근원이란 무엇인가? 아브라함은 불신 가정에서 자랐지만 하나님의 택하심을 받고, 이삭, 야곱, 요셉으로 이어지는 그 가문에서뿐만 아니라 오늘날 세계 수십억 그리스도인에 이르기까지 모든 믿는 이들의 믿음의 조상이 되었다. 이런 면에서 아브라함은 위대한 신앙의 인물이라 할 수 있으며 우리 신앙의 원본이자 모델이라 할 수 있다. 원본이 훌륭하면 그 다음의 모형은 원본 그대로 만들면 되기 때문에 좋은 원본을 찾는 일은 그만큼 중요하다.

하나님께 부름받았을 때 아브라함의 여건은 그렇게 좋은 것이 아니었다. 혈기왕성한 나이도 아니었고 대를 이을 자식도 없었다. 그러나 하나님은 '복의 근원'이 되는 놀라운 비전을 주시며 75세의 아브라함을 부르셨다.

한 사람이 예수를 믿고 믿음의 세계로 들어서게 되면 그 사람을 근원으로 하여 믿음의 새로운 족보가 생기고 새로운 물줄기가 형성됨을 볼 수 있다. 그를 통해 하늘의 별과 같은, 바다의 모래와 같은 허다한 무리들이 믿음의 반열에 서게 되는 것이다. 하나님의 부름을 받은 한 사람이 하나님의 은혜를 받고 하나님께 쓰임받으면 그 복의 잠재력은 어마어마하게 사용될 수 있다.

강을 거슬러 올라가 보면 발원지가 되는 곳이 강의 본류와는 멀리 떨어져 있는 작은 계곡이나 산기슭의 샘터임을 알 수 있다. 그 물이 지류를 형성하여 작은 강을 이루고, 작은 강들이 다시 합쳐져서 큰 강을 이루게 되고, 그 물이 바다로 흘러 들어가 5대양을 이루게 되는 것이다. 근원이 된다는 것은 위대하고 완전한 성취를 현재에서 맛보는 것이 아니라 생명의 풍성함을 바라보는 최초의 시도들을 일컫는다. 오늘날 믿음의 성도 한 사람이 깨어 있는 신앙인으로서 하나님의 생명을 경험하게 되면 그가 바로 믿음의 조상이 되는 삶을 살 수 있는 것이다.

아브라함이 하나님의 부름을 받고 이에 순종하여 명하시는 곳으로 나아갈 때는 갈 바를 알지 못하였으나 그때부터 하나님은 믿음의 계보를 새롭게 형성할 준비를 하고 계셨다. 하나님은 한 사람을 이토록 귀하게 사용하실 수 있는 분이다.

가스펠송 가수 중에 송정미라는 이름의 자매가 있다. 그녀는 성악을 전공하던 대학생 시절에 목소리가 나오지 않아 병원에 갔다가 더 이상 노래를 부르지 말라는 진단을 받게 되었다. 성악을 전공하는 사람으로서는 치명적인 선고였다. 병의 치료와 불투명해진 자신의 앞날로 인해 하나님께 울며 기도하던 그녀의 마음에 하나님이 감동을 주셨다. '반드시 목소리가 고와야만 하나님을 찬송할 수 있는 것이 아니다. 네 영혼이 하나님을 바라보는 중심으로 노래하면 된다.' 그녀는 목소리나 외적인 환경에 상관없이 주님을 사랑하는 마음으로 중심을 지키면 하나님이 자신의 영혼과 찬양을 흠향하신다는 사실을 깨닫고 마음에 감동을 받았다. 그때 피아노 잎에 앉아 울면서 악보를 적어 내려간 것이 '축복송'이었다.

　　때로는 너의 앞에 어려움과 아픔 있지만
　　담대하게 주를 바라보는 너의 영혼
　　너의 영혼 우리 볼 때 얼마나 아름다운지
　　너의 영혼 통해 큰 영광 받으실 하나님을 찬양 오 할렐루야

　때로는 어려움과 아픔을 당하여 쓰러지기도 하지만 그것으로 인생이 끝나는 것이 아니다. 목소리가 나오지 않고 사업이 실패하고 인간 관계가 깨어지는 아픔이 있더라도, 하나님이 우리와 함께하심을 믿고 하나님을 바라보는 담대한 영혼이 하나님 보시기에 아름답다라는 것이다.

　이렇게 탄생한 축복송이 현재 세계 16개국의 언어로 번역되어 전 세계 그리스도인의 애창곡이 되었으며 그 아픔을 딛고 일어선

송정미 자매는 '아름다운 카리스마' 라는 별명을 가진 찬양 사역자로서 독보적인 활동을 하고 있다. '카리스마(charisma)' 라는 단어에서 '카리스' 란 은혜를 의미하는 헬라어이다. 하나님이 그녀에게 주신 특별한 은혜, 즉 카리스를 가지고 하나님을 찬양하기 때문에 듣는 이들을 압도하는 충만한 영성으로 채워지는 것이다. 그녀는 스스로에 대해, 하나님께서 주신 은혜와 사랑을 목소리로 증거하는 축복의 유통자라고 표현하고 있다.

우리는 복의 근원이다. 하나님은 우리를 사용하실 때 우리에게 주신 은혜와 사랑을 다른 사람에게 유통시키기를 원하시는 것이다. 하나님 앞에서 큰 축복을 받되 그 받은 축복을 나누고 증거하는 삶을 살아가야 한다. 아브라함이라는 한 사람이 시작한 이야기가 역사의 물줄기를 이루었던 것처럼 하나님의 사역에는 많은 인원과 많은 자원이 필요하지 않다. 하나님은 헌신된 한 사람을 들어 사용하신다. 하나님은 영적으로 깨어 있는 한 사람을 통해서 역사와 민족을 새롭게 하실 수 있는 분이다.

이스라엘이 역사적으로 어려움에 처해 있을 때에도 하나님은 민족적인 체제나 조직을 통하여 이스라엘을 구원하신 것이 아니라 다윗이라는 한 사람, 엘리야라는 한 사람을 통하여, 즉 하나님의 마음에 합한 한 사람을 사용하셨다. 그러므로 어떻게 하면 내가 하나님 앞에서 복의 근원이 되고, 어떻게 하면 나로 인하여 우리 집안이 복을 받고, 어떻게 하면 내가 속한 학교와 직장과 교회와 구역이 복을 받을 수 있을지를 생각해야 한다. 요셉 한 사람 때문에 애굽 사람 보디발의 집이 복을 받고 애굽 땅 전체가 복을 받았듯이 내가 바로 하나님이 찾으시는 그 사람이 되기 위해 자신을 훈련하며 복의 근원이 되는 삶을 추구해야 하는 것이다.

그렇다면 복의 근원이 되기 위해서 어떻게 해야 하는가? 본문의 말씀은 아브라함의 신앙을 통해 그러한 삶의 본보기를 보여 주고 있다. 창세기 14장 1절부터 12절에서는 롯이 사로잡혀 가게 된 배경을 그리고 있다. 그 당시의 소돔, 고모라, 아드마, 스보임, 소알의 다섯 왕이 시날, 엘라살, 엘람, 고임의 네 왕과 교전을 벌였는데, 소돔과 고모라가 패하여 달아나자 네 왕이 모든 재물과 양식을 빼앗아 가면서 소돔에 거하는 아브라함의 조카 롯과 그 재물까지 노략해 갔다는 이야기이다. 거기서 도망한 한 사람이 아브라함을 찾아와 조카 롯이 사로잡혀 간 이야기를 전해 주는 장면이 13절에 나타나 있다. 13절에서부디는 도대체 아브라함이 어떤 사람이었기에 하나님이 그를 복의 근원이 되게 하셨는가에 대해 몇 가지 이유들을 살펴볼 수 있다.

아브라함은 '건너온 자'였다

"도망한 자가 와서 히브리 사람 아브람에게 고하니"(창 14:13)

13절에 보면 "도망한 자가 와서 히브리 사람 아브람에게 고하니"라고 되어 있다. '아브람'은 아브라함이 하나님으로부터 할례를 받기 전의 이름이었는데, 그는 또한 '히브리 사람'으로 불리기도 했다. 히브리라는 말은 '반대편, 저 너머 지역'을 의미하는 히브리어 '이브루'의 파생어로서 가나안 원주민들이 유프라테스 강 너머에서 건너온 사람들에게 붙인 명칭으로 추정되며 '강을 건너온'이라는 뜻을 갖고 있다. 아브라함의 고향인 갈대아 우르에서 하나님이 약속하신 땅인 가나안까지 가기 위해서는 유프라테스 강을 건너가야만' 했던 것이다. 도망한 자가 와서 '히브리 사람' 아브라함을 찾았다는 것은 사람들에게 "강을 건너온 사람이 누구입니까?"하고 물었다는 이야기이다. 우리 나라 사람들이 과거에 시집온 여인네들을 부를 때 그들이 살던 고향의 이름을 붙여 '서울댁', '부산댁'으로 불렀듯이 사람들은 아브라함을 '히브리 사람'으로 부르면서 그가 '강을 건너온 사람'이라는 것을 기억했다.

건너간다는 것은 우리에게 하나의 중요한 영적 개념을 암시해 준다. 그 자리에 머물러 있기만 하는 사람은 역사를 만들어 낼 수가 없다. 하나님이 인도하시는 때에 인도하시는 곳을 향해 건너가는 것이 우리 신앙의 역사가 되는 것이다. 아브라함은 하나님의 지시를 따라 본토 친척 아비 집을 떠나 유프라테스 강을 건너 가나안 땅으로 갔고, 모세는 믿음으로 홍해를 건넜다. 이와 같이 믿음을 구사하며 건너가기만 하면 이로부터 새로운 역사가 시작되는 것이다.

아브라함이 복의 근원이 될 수 있었던 첫번째 이유는 하나님이 본토 친척 아비 집을 떠나라는 명령을 내렸을 때 하나님의 약속의 말씀을 붙들고 강을 건너갔다는 것이다. 신앙 생활이란 길이 보이지 않더라도 말씀에 순종하여 끝없이 건너가는 삶이다.

사람에게는 원래 익숙한 것을 선호하는 보수적 경향이 있어서 크든 작든 환경이 바뀌는 것에 대한 두려움이 있다. 그러나 이사를 한 번 하게 되면 낡은 것과 사용하지 않는 것을 버리게 되므로 살림이 정리되고 집안도 깨끗해진다. 이와 마찬가지로 인생도 과거를 떠나 미래로 나아가는 과정이라고 할 수 있다. 옛것을 붙잡고 과거에 집착하면서 살아가는 것은 참된 신앙의 태도가 아니다. 떠나는 것, 건너가는 것이 인생의 본질임을 기억해야 한다.

본토 친척 아비 집을 떠나라는 하나님의 말씀은 고향을 버리고 부모님을 버리라는 뜻이 아니고 하나님이 예비하신 축복의 동산으로 친히 인도하시겠다는 말씀이다. '동서남북을 바라보고 종과 횡을 바라보아라 내가 네게 복을 줄 것이다' 라는 축복의 메시지를 붙잡고 나아가라는 것이다.

이때 믿음의 눈으로 하나님을 바라보는 사람은 말씀을 좇아 나서게 된다. 떠나는 것을 좋아하는 사람은 많지 않다. 매일 앉는 의자에 앉아야만 편안하듯이 사람들은 낯선 것들에 대한 경계심이 있다. 그러나 믿음의 사람은 하나님의 부르심이 있을 때 곧 일어나 떠나야 한다. 그분은 우리로 하여금 낭패를 당하게 하시려는 것이 아니라 꿈도 꾸어 본 적이 없는 새로운 축복의 동산으로 인도하시려고 우리를 건너가게 하신다.

아브라함이 복을 받은 것은 갈 바를 알지 못하였으나 하나님의 말씀을 좇아 건너갔기 때문이다. 하나님은 이러한 아브라함을 복의 근원으로 삼으시고 새로운 역사의 물줄기를 열어 믿음의 조상이 되게 하신 것이다.

모세도 홍해를 건너간 사람이었다. 모세가 홍해를 건너갔다는 것은 무엇을 의미하는가? 모세와 함께 홍해를 건너기 전, 이스라엘 백성은 애굽에서 종속되고 억압된 삶을 살았다. 애굽의 물질적 풍요를 일부 누릴 수 있기는 했지만 그들은 애굽의 노예에 불과했다. 그러나 모세가 모든 장애를 뛰어넘어 여호와 하나님의 부르심에 따르기로 결정하고 이스라엘 백성과 홍해를 건넜기 때문에 이스라엘 백성들은 마침내 자유인이 되었고 예배자가 된 것이다.

그러나 홍해를 건너기 전 뒤쫓아오던 애굽의 군대를 보고 심히 두려웠던 그들은 모세를 향해 비난을 퍼부었다. "애굽에 매장지가 없으므로 당신이 우리를 이끌어 내어 이 광야에서 죽게 하느뇨 어찌하여 당신이 우리를 애굽에서 이끌어 내어 이같이 우리에게 하느뇨 우리가 애굽에서 당신에게 고한 말이 이것이 아니뇨 이르기를 우리를 버려 두라 우리가 애굽 사람을 섬기는 것이 광야에서 죽는 것보다 낫겠노라."(출 14:11-12) 그러나 하나님은 우리에게 순종의 의지가 있을 때 건너가는 것 외의 다른 것을 요구하시지 않는다. 홍해를 건너갈 때 그들이 한 일이라고는 아무것도 없었다. 단지 믿음을 간직하고 발을 내딛었을 뿐이다.

"너희는 두려워 말고 가만히 서서 여호와께서 오늘날 너희를 위하여 행하시는 구원을 보라 너희가 오늘 본 애굽 사람을 또 다시는 영원히 보지 못하리라 여호와께서 너희를 위하여 싸우시리니 너희는 가만히 있을지니라."(출 14:13-14) 이 말씀은 불평하는 백성들에게 모세가 이른 말이다.

우리의 삶에서도 때로 이러한 문제가 찾아온다. 홍해와 같은 문제가 우리 앞을 가로막는 진퇴양난의 상황에 처하게 될 때 그 문제 앞에서 원망하거나 주저앉아 있지 말고 그저 홍해를 향해 발을 내딛고 건너가야 한다. 주님께서 이 문제를 해결해 주실 것을 믿고 건너가다 보면 하나님의 역사가 나타날 것이다. 건너고 나면 앞길을 가로막았던 홍해도 삶의 간증거리가 된다. 죽음과 같은 장애물도 믿음으로 건너가서 뒤돌아보면 간증이 되고, 오히려 축복이 되어 있음을 볼 수 있다.

여호수아와 이스라엘 백성들은 요단 강을 건너갔다. 요단 강을 건너기 전에는 40년 동안이나 광야를 방황하고 유리하던 나그네에 불과하였지만 요단 강을 건넌 후 그들은 마침내 가나안 땅을 정복할 수 있었다.

야곱은 얍복 강을 건너기까지 20년이라는 세월을 보냈다. 얍복 강을 건넜다는 의미는 그가 '속이는 자'에서 '이스라엘', 즉 '하나님과 사람으로 더불어 겨루어 이긴 자'로 바뀌었다는 뜻이다. 얍복 강을 건너기 전 마지막 순간까지도 야곱은 하나님께서 그를 계속 보호하시겠다는 약속을 온전히 신뢰하지 못했다(창 32:1-2). 형 에서와의 대면이 두려웠던 야곱은 무리를 두 떼로 나누어 에서가 한 떼를 공격하면 다른 한 떼는 도망할 수 있도록 계획해 놓았을 뿐 아니라 미리 값진 선물을 보내어 형의 마음을 달래고자 하는 등 계속해서 '속이는 자'로서의 인간적인 모습을 보였다. 이러한 인간적인 야곱이 얍복 강을 건너갔을 때, 거기서 어떤 사람과 밤새워 씨름하며 자신을 축복해 달라고 간청했다. 하나님은 그와 겨루었던 사람의 입을 통하여 "네 이름을 다시는 야곱이라 부를 것이 아니요 이스라엘이라 부를 것이니 이는 네가 하나님과 사람으로 더불어 겨루어 이기었음이니라"(창 32:28)고 말씀하시며 야곱에게 새 이름을 부여하셨다. 얍복 강을 건너기 전에는 속이는 자, 즉 사기꾼이었던 야곱이 얍복 강을 건너 간 후에 이기는 자가 된 것처럼 인생은 건너가는 사건을 통해 역사를 만들어 낸다.

옛 습관을 버리지 못하고 구습을 좇아 사는 사람들은 아직도 본토 친척 아비 집을 떠나지 못한 유아적인 신앙인들이다. 이들은 하나님의 축복의 동산으로 나아가는 것을 경험하지 못한 사람들이다. 또한 본토 친척 아비 집을 떠났을지라도 홍해를 건너지 못한 사람은 참된 평화를 누리지 못하고 방황하며 유리하는 삶을 살아간다. 요단 강을 건너도 얍복 강을 건너지 못한 사람은 인간적인 모습을 탈피하지 못하고 두려워하는 삶을 살아간다.

사람마다 건너가야 할 홍해와 요단 강과 얍복 강의 모습이 각각 다르다. 그러나 우리는 장애를 직시하면서도 일어나 건너가야 한다. 건너간 사람들만이 무엇이 중요한가를 알게 되는 것이다. 우리가 건너가겠다는 의지만 보여도 하나님은 함께하신다. 두려움을 이기고 더 나은 약속을 향해 건너갈 때마다 하나님은 새로운 축복의 동산으로 우리를 이끌어 주신다. 개인이나 가정이나 교회나 저마다 각각의 문제들을 갖고 있다. 그러나 그 한계를 뛰어 넘어야 한다.

아브라함의 삶은 끊임없이 한계를 뛰어넘는, 즉 올라가는 여정이었다. 창세기 22장에는 아브라함이 하나님의 명령만을 붙들고 모리아 산으로 올라가는 것이 기록되어 있다. 하나님이 아브라함을 시험하시기 위해 모리아 산에서 사랑하는 아들 독자 이삭을 바치라고 명령하셨던 것이다. 그때 아브라함은 하나님의 명령을 받자마자 아침에 일찍 일어나 두 사환과 그 아들 이삭을 데리고 3일 동안을 여행하여 하나님이 지시하시는 곳으로 갔다. 산꼭대기에 도착한 아브라함은 하나님의 가혹한 명령에 대해 깊은 고통을 느꼈음에도 불구하고 감정적으로 행동하지 않고, 말씀을 따라 제단에 누운 독자 이삭의 위로 칼을 높이 들어 올렸다. 하나님께서는 독자 이삭이라도 아끼지 않고 하나님께 바치려고 한 아브라함이 그의 독자보다 하나님을 더 사랑하는 줄을 비로소 아시고, 그 시험을 거두시고 아브라함의 믿음을 인정하셨다. 아브라함은 하나님의 시험을 통과함으로써 믿음의 정상으로 올라서게 된 것이다.

하나님은 우리를 시험하신다. 우리가 요단 강을 건너고, 얍복 강을 건너 성숙한 믿음을 갖게 되기를 원하시기 때문에 시험을 허락하신다. 못 건너고 그곳에 머무르고 있으면 우리의 신앙도 언제나 제자리에 있게 될 뿐이다. 건너갈 때 아찔한 순간도 있지만 믿음으로 건너고 보면 지나온 순간들이 다 간증거리가 되는 것이다.

홍해든, 요단 강이든, 얍복 강이든 건너고 나면 역사를 거스르게 된다. 모세가 홍해를 건너갔을 때 이스라엘 백성들은 자유인이 되었고, 여호수아와 이스라엘 백성들이 요단 강을 건너갔을 때 젖과 꿀이 흐르는 가나안 땅으로 들어갈 수 있었던 것이다. 야곱이 얍복 강을 건너갔을 때 인생의 방향이 달라졌고 두렵기만 하던 형에서와도 평화롭고 화목한 관계를 이룰 수 있었다.

그러므로 아브라함이 복의 근원이 된 첫번째 이유는 아비 집을 떠나올 때부터 모리아 산 정상에 올라가기까지 믿음의 수준이 점점 향상되고 있었다는 것이다.

믿음으로 건너간 사람들은 축복의 근원이 된다. 아브라함이 히브리 사람, 즉 '건너온 자'였듯이 한계와 문제를 넘어 건너갈 때 하나님께서 지경을 넓혀 주시고 복에 복을 받는 인생이 되게 하신다.

아브라함은 하나님의 명령이 주어질 때마다 말씀 그대로 순종하였기 때문에 복의 근원이 될 수 있었고 믿음의 조상이 되는 축복을 받았던 것이다.

아브라함은 예배에 성공한 사람이었다

"도망한 자가 와서 히브리 사람 아브람에게 고하니 때에 아브람이 아모리 족속 마므레의 상수리 수풀 근처에 거하였더라."(창 14:13)

롯이 잡혀 갈 때 함께 있다가 도망한 자가 아브라함을 찾아 왔을 때 아브라함은 아모리 족속 마므레의 상수리 수풀 근처에 있었다. 롯이 자신의 소유를 이끌고 떠난 뒤에 하나님은 아브라함에게 그가 볼 수 있는 동서남북의 모든 땅을 주시겠다고 약속하셨고, 그후 아브라함은 헤브론으로 장막을 옮기고 마므레 상수리 수풀에 제단을 쌓았다. 아브라함은 그 무렵 제단을 쌓았던 이 예배의 장소에 다시 돌아와 거하고 있었던 것이다.

아브라함이 복의 근원이 될 수 있었던 두 번째 이유는 그가 예배에 성공한 사람이었다는 것이다. 좋은 예배자가 될 때 하나님이 기뻐하시는 일이 무엇인지를 알게 되며 하나님의 뜻을 깨달을 수 있다. 그러나 하나님의 뜻을 깨닫고 난 후 하나님이 기뻐하시는 일을 하고자 할 때 영적인 전쟁이 일어나게 되고, 기도와 선교로 나아가고자 할 때도 마귀와의 영적인 전투가 일어나게 된다. 그러므로 성령의 기름부음을 받고 권능을 얻어 승리하는 삶을 살아가야 한다. 이때 우리는 부흥과 영광과 간증을 체험하게 된다. 그러나 이 모든 승리의 시작은 말씀이다. 말씀 없는 인도, 말씀 없는 부흥이란 있을 수가 없다. 전기는 전선을 타고 흘러 들어오지만 성령의 역사는 반드시 기록된 하나님의 말씀을 통하여 일어나기 때문이다.

아브라함은 그가 가는 곳마다 가장 먼저 제단을 쌓았다. 아브라함이 마므레 상수리 수풀 근처에 거하였다는 것은 그가 예배 드리는 곳에서 살았다는 말이다. 우리가 일주일의 첫날을 주일로 간주하는 것은 한 주를 예배로 시작하여 영적으로 충만함을 받은 후에 나머지 6일간을 살아가는 것이 삶의 바른 리듬이기 때문이다. 삶을 살아가는 데 있어서도 순서를 바로 세우는 것이 중요하다.

예수님이 베다니에 있는 나사로의 집을 방문하셨을 때, 예수님의 가르침에 귀를 기울인 마리아를 칭찬하셨던 것도 이러한 이유 때문이다. 마르다는 예수님께서 그들의 집을 방문할 때마다 항상 먼저 달려나와 예수님을 영접하였고(요 11:20, 눅 10:38), 늘 대접하는 일에 분주하였다(눅 10:40). 마르다는 마리아가 자기 일을 거들지 않고 예수님의 말씀을 듣는 데만 관심을 갖는다고 불평하였으나 예수님께서는 마르다의 불평을 꾸짖으시고 좋은 편을 택하여 예수님의 말씀에 귀를 기울인 마리아를 칭찬하셨다(눅 10:41-42). 우리가 예배에 실패하면 마르다와 같이 삶의 우선 순위를 잃어버릴 수가 있는 것이다.

기독교 신앙은 예배 중심의 신앙이다. 그러므로 예배에 실패하면 성공적인 삶도 살 수 없는 것이다. 무엇보다도 말씀 듣는 것을 우선시하고, 그것이 내 모든 말과 행동의 기초가 되게 해야 한다. 예수님께서도 사람들을 향해 귀 있는 자들은 하나님의 말씀을 들어야 할 책임이 있음을 반복하여 말씀하셨다(마 11:15, 13:9).

30배, 60배, 100배의 결실을 이루기 위해 씨앗이 잘 자랄 수 있는 옥토가 필요하듯이 말씀을 받아들이기 위해서는 우리의 마음 밭이 잘 가꾸어져 있어야 한다. 또한 마음이 열리기 위해서는 모든 분주한 환경들 속에서도 하나님의 말씀을 듣는 것이 필요하며, 잘 듣기 위해서는 좋은 예배자가 되어야 한다. 결론적으로 예배가 우리 인생의 승부를 좌우한다고 할 수 있다. 예배 드리는 시간에 헛된 공상이나 졸음에 빠져 있어서 말씀의 은혜를 받지 못하면 하나님의 축복을 기대할 수가 없다. 하나님은 축복을 주시기 전에 말씀을 먼저 주시기 때문이다. 인생을 살아가면서 부딪히게 되는 크고 작은 문제들을 해결받기 위해 기도할 때도 하나님은 그 응답으로 말씀을 먼저 주신다. 그러므로 말씀을 듣기 위해 예배에 헌신하는 것이 중요하며 그것이 우선시되어야 한다.

아브라함이 여호와를 위해 제단을 쌓은 마므레 상수리 수풀 근처에 장막을 치고 살았던 것처럼 새벽, 낮, 저녁에 상관없이 예배가 우리 삶의 전부가 되어야 하며 항상 예배에 성공하는 자가 되어야 한다. 하나님께서도 신령과 진정으로 예배하는 자들을 찾으시므로(요 4:23), 예배 가운데 감격을 발견하고 예배를 통해 하나님께서 주실 말씀을 기대하고 사모하며 나아가야 한다. 예배를 통해 주시는 하나님의 말씀이 송이꿀보다 더 달아야 하고, 말씀이 달게 느껴질 때 영혼도 건강해지는 것이다. 하나님의 말씀이 달게 느껴지지 못하고 모래알과 같이 거치는 것이 될 때는 영혼이 건강하지 못한 증거이므로 예배를 통한 회복이 있어야 한다. 예배를 통한 풍성한 은혜를 경험하지 못하면 영적으로 바로 서지 못하게 되므로 가정과 사회의 모든 생활에서 항상 혼란을 느끼게 되고 인간 관계에 있어서도 실패하게 된다.

교회가 건강한가를 가늠하는 기준 역시 이와 동일하다. 부흥하는 교회는 예배에 승부를 건다. 성도들을 좋은 예배자로 만들기 위해 최선을 다하며, 말씀과 기도와 찬양을 통하여 준비된 예배를 드릴 수 있도록 영적인 분위기를 조성하여 예배 드리는 일에 실패하지 않도록 진력을 다한다. 예배에 성공하는 삶을 살아갈 때 하나님께서 말씀을 통하여 뜻을 보여 주시고 우리가 어떻게 살아가야 할지 그 길을 보여 주신다.

아브라함은 마므레 상수리 수풀 근처의 제단을 쌓았던 곳에서 예배자로서의 삶을 살았기 때문에 복의 근원이 될 수 있었던 것이다.

아브라함은 아버지의 마음을 가진 사람이었다

"아브람이 그 조카의 사로잡혔음을 듣고 집에서 길리고 연습한 자 삼백 십팔 인을 거느리고 단까지 쫓아가서"(창 14:14)

아브라함은 그의 조카 롯이 사로잡혔다는 이야기를 듣고 롯을 구하기 위해 집에서 훈련시킨 가신(家臣) 318명을 데리고 가서 약탈한 무리를 쳤다. 그리고 롯의 가족들뿐만 아니라 빼앗겼던 재물까지 모조리 되찾아왔다.

롯은 아브라함이 하나님의 부름을 받고 하란을 떠나올 때 데리고 나온 그의 조카였으며, 아브라함이 가는 곳마다 함께 동행했었다. 그러나 그들이 벧엘에 이르렀을 때 아브라함의 소유가 많고 일행인 롯의 소유도 늘어나 함께 거하는 데 어려움이 있었다. 그래서 아브라함은 그의 조카 롯에게 좋은 영토를 먼저 선택하여 떠날 수 있도록 우선권을 주었고 롯은 망설임 없이 비옥하고 물이 넉넉한 곳을 택하여 떠나갔다. 이처럼 이기적이고 세상적 영리를 추구하기에 급급한 롯이었으나, 아브라함은 조카가 사로잡혔다는 소식을 듣자마자 조카 롯을 구하러 갔던 것이다. 이것은 그리스도인들이 타인에 대해 마땅히 품어야 할 아버지의 마음이다.

헨리 나우웬은 『탕자의 귀향』이라는 책에서, 탕자의 비유(눅 15:11-32)에 등장하는 작은아들과 큰아들과 아버지의 모습이 한 개인의 내면에 혼재하고 있다고 설명한다. 그는 제 것만 챙겨 먼 지방으로 떠나 방탕하게 살다가 그 재산을 낭비하였던 작은아들이 교만하고 냉혹하며 세상의 현혹에 빠져 방황하는 우리의 자화상이라고 하였다. 또한 조상들로부터 전수되어 온 생활 방식, 사고 방식, 행동 방식의 속박을 끊어 버리고 가족과 공동체의 소중한 가치들을 경시하며, 조건적인 사랑의 세계로 나아갔던 이 탕자의 모습이, 사랑 안에서 우리를 창조하시고 또한 그 사랑으로 우리를 지켜 주시는 하나님을 거부하는 우리의 모습과 동일하다고 지적하고 있다.

집에 있던 큰아들은 겉으로 볼 때는 착한 아들처럼 자신이 해야 할 모든 일들을 하고 있었지만 속으로는 자신의 아버지로부터 분리되어 방황하고 있었다. 나우웬은 이것이 매일 열심히 일하며 자신의 모든 의무를 완수하지만 갈수록 불행과 부자유함을 느끼는 우리의 또 다른 모습이라고 지적하였다. 어떤 면에서 볼 때 욕망에 찬 작은아들보다는 비뚤어지고 적개심에 불타며 분노에 찬 큰아들이 더 우리의 모습과 근접한 것인지도 모른다. 작은아들은 우리가 쉽게 규정지을 수 있는 가시적인 죄를 지었지만, 큰아들은 순종적이고 책임감 있고 합법적이며 사람들에게 존경과 칭찬을 받았기 때문에 외양으로는 흠이 없는 인물이었다. 그러나 작은아들의 귀향을 기뻐하는 아버지를 보며 큰아들의 내면에서 어둠의 권세가 쏟아져 나와 깊숙이 감추어져 있던 분노와 교만과 무례함과 이기심, 그리고 독선적인 자기연민과 질투와 불평이 드러났다. 나우웬은 이것 또한 우리 내면에 있는 또 다른 모습이라고 하였다.

마지막으로 아버지는 우주의 창조주로부터 발산되는 무한한 자비와 무조건적인 사랑 그리고 영원한 용서를 베푸시는 하나님의 모습을 비유한 것인데, 우리의 모습 속에도 자녀들이 자기와 함께 있는 것을 즐거워하고 자신의 사랑을 경험하기를 바라는 아버지의 마음이 있다고 하였다.

누가복음 15장의 탕자의 비유에서 우리가 발견할 수 있는 귀중한 가르침 중의 하나는 자녀들에 대한 크나큰 사랑 때문에 고난을 겪는 이 아버지의 이야기가 바로 인자하심과 용납하심과 길이 참으심과 긍휼에 풍성하신 하나님의 참모습이라는 점이다. 이 말씀은 암탉이 그 새끼를 날개 아래 안전하게 모으듯이 자녀를 사랑하는 아버지가 어떠한 사랑과 보호로 우리를 지키시는지를 잘 보여주고 있다. 집으로 돌아오는 탕자를 발견하고 달려가서 그의 목을 안고 입을 맞추는 아버지의 모습은, 집을 떠난 사람들의 고난을 이해하며 고통과 괴로움에 사로잡혀 있는 그들이 돌아오기를 간절히 원하는 하나님의 사랑이 형상화된 것이다. 이 이야기는 절망 속에서도 그 팔을 거두지 않고 기다림에 지친 손을 그 자녀들의 어깨 위에 내려놓고 축복하기를 원하는 하나님의 소망을 잘 나타내 주고 있다.

우리 속에는 이처럼 작은아들과 큰아들과 아버지의 면모가 공존하고 있지만 우리의 최후의 소명은 두 아들의 아버지와 같이 되는 것이다.

아브라함은 이처럼 조카인 롯에 대하여 아버지의 마음을 가지고 있었다. 아브라함에게 있는 아버지의 마음 때문에 하나님께서는 그를 열국의 아비로 삼으시고 믿음의 조상으로 삼으신 것이다.

아브라함은 삶의 열매가 있는 사람이었다

"… 집에서 길리고 연습한 자 삼백십팔 인을 거느리고"(창 14:14)

아브라함에게는 하란을 떠나올 때 조카 롯 외에도 집에서 길리고 연습한 자 318명이 함께 있었다. '집에서 길리고 연습한 자'라는 것은 아브라함의 집에서 태어나 그 집에서 길러져서 훈련된 종들, 즉 가신(家臣)을 말한다.

아브라함의 집에서 태어난 종들을 가신이 될 때까지 길러서 훈련시킨다는 것은 그렇게 쉬운 일이 아니다. 장막을 옮겨갈 때마다 318명이나 되는 종들을 다 데리고 가서 그들을 먹이고 입히고 길러서 훈련시키는 일은 교통 수단이 잘 발달되어 있고 제도와 시스템이 잘 완비되어 있는 현대에도 어렵고 힘든 일일 것이다. 보통 사람으로서는 하기 어려운 일이었다. 이러한 점을 통해서 알 수 있듯이 아브라함의 신앙과 인격은 우연히 이루어진 것이 아니었다. 아브라함은 평소에 그가 훈련시켰던 318명의 종들, 즉 318명의 훈련된 제자들이 있었다. 아브라함은 특별한 순간에만 빛나는 선택을 한 것이 아니라 자신의 일상에서 삶의 실적을 창조하고 있었던 것이다.

하나님 앞에서 복의 근원이 되고 믿음의 조상이 되고 새로운 역사의 물줄기를 형성하기를 원한다면, 아브라함처럼 우리의 삶의 실적과 생활 속에 열매가 있어야 한다.

창세기 14장 12절부터 16절까지의 말씀은 아브라함의 신앙과 인격의 한 단면을 엿볼 수 있는 말씀으로서 그가 복의 근원과 믿음의 조상이 될 수 있었던 근거를 제시하고 있다. 아브라함은 '건너간 자' 히브리 사람이었고, 장막을 옮길 때마다 여호와의 제단을 쌓는 예배 중심의 삶을 살았으며, 이웃에 대한 아버지의 마음이 있었고, 그의 종들을 실러시 훈련시킨 삶의 열매를 가진 사람이었다.

앞에서 살펴본 바와 같이 우리도 복의 근원이 되기 위해 특징 있는 신앙, 간증 있는 신앙을 가져야 한다.

네 속에도 하나님의 은사가 있다

하나님은 숫자가 많은 것을 좋아하시지 않는다.
깨어 있는 창조적 소수, 진리의 편에 서 있는 한 사람을 찾으시며,
우리가 미천하고 보잘것없는 존재일지라도
펄떡거리는 물고기와 야생초와 같은 생명력을 가지고 살아가면
우리를 통하여 가정과 교회와 민족과 역사를 새롭게 하신다.
우리가 신앙이라는 경주를 해 나갈 때
이미 우리를 앞서간 신앙의 선배들과
구름같이 둘러싼 허다한 증인들이 있음을 보게 된다.
하나님은 오늘도 신실한 믿음의 경주자를 찾고 계신다.
하나님의 좋은 사람들로서 믿음의 경주에서 완주하는
승리자가 되기 위해 앞서간 믿음의 선배들처럼
무거운 것과 얽매이기 쉬운 죄를 벗어 버리고
때로는 고독을 감내하면서 주님만 바라보아야 한다.

창조적 소수의 힘

"여호와께서 기드온에게 이르시되 너를 좇은 백성이 너무 많은즉 내가 그들의 손에 미디안 사람을 붙이지 아니하리니 이는 이스라엘이 나를 거스려 자긍하기를 내 손이 나를 구원하였다 할까 함이니라 … 손으로 움켜 입에 대고 핥는 자의 수는 삼백 명이요 그 외의 백성은 다 무릎을 꿇고 물을 마신지라."(삿 7:2-6)

하나님은 창조적인 소수를 원하시고 찾으신다

하나님은 오늘도 진리의 편에 서 있는 한 사람을 찾으신다. 하나님은 숫자가 많은 것에 관심이 있으신 것이 아니라 깨어 있는 창조적 소수를 원하신다. 이 본문은 기드온의 삼백 용사에 대한 말씀이다. 이 말씀의 핵심은 하나님이 미디안을 치실 때 전쟁을 위해 모인 많은 백성들을 돌려 보내고 300명의 군사만으로 승리를 이끌어 내신 이유와 관련되어 있다. 이 본문을 통하여 기드온의 삼백 용사의 의미와 하나님께서 한 사람 기드온을 인재로 만들어 가시는 과정을 살펴보고자 한다.

당시에 미디안 사람들은 아말렉 사람과 동방 사람들과 함께 이스라엘을 공격하였는데 그 숫자가 13만 5천 명이었고(삿 8:10), 그들의 짐승들과 군대들로 인하여 전 이스라엘이 초토화되어 갔다. 13만 5천 명이라는 큰 무리의 군사들이 쳐들어 와서 이스라엘 백성들을 괴롭혔으나 여기에 대적하는 이스라엘 군사의 숫자는 미디안 군대의 4분의 1도 안 되는 3만 2천 명이었다(삿 7:3).

그러나 하나님은 그 숫자도 너무 많다고 말씀하시며 누구든지 두려워서 떠는 자는 돌려 보내라고 명령하셨다(삿 7:3). 하나님은 3만 2천 명 중에서 2만 2천 명을 돌려보내고 1만 명만 남게 하셨고, 1만 명 중에서도 9천 700명을 또 돌려보내고 300명만 남겨서 그들로 하여금 미디안의 군대 13만 5천 명을 이기게 하신다.

하나님은 이스라엘 백성들이 그들의 숫자를 계수하는 것을 기뻐하지 않으셨다. 다윗이 군대 장관 요압의 반대에도 불구하고 무기를 잡을 수 있는 모든 이스라엘과 유다의 인구를 조사하였을 때도 하나님은 선지자 갓을 통하여 이스라엘을 징계하셨다. 온 땅에 3일 동안의 심한 온역을 내리심으로 무고한 백성 약 7만 명의 목숨을 잃게 하셨던 것이다(삼하 24:1-15).

구약의 율법서인 민수기는 제목 자체가 백성들의 숫자를 기록한 책이라는 뜻이다. 민수기에는 이스라엘 백성들이 애굽을 탈출한 이후 39년간의 방황이 기록되어 있는데, 시내산에서 가데스바

네아까지 광야의 여러 곳을 통과하여 요단 강 건너편 모압 평지에 이르기까지의 과정이 묘사되어 있다. 또한 애굽의 종살이를 추억하는 불평, 정탐군들의 보고에 의한 반역과 반항, 이방 여인들과의 결혼, 우상 숭배의 범죄 등 이스라엘 백성들의 반복되는 실패가 나타나 있다. 그 중에서도 하나님이 가장 싫어하셨던 죄악은 하나님을 신뢰하지 않고 어려움이 있을 때마다 인간적인 방법을 꾀했던 교만의 행위였다. 전쟁을 앞두고 하나님이 승리를 약속하실 때에도 이스라엘 민족은 인간적인 생각으로 백성의 숫자를 계산하였다. 그들의 이러한 마음속에는 하나님의 도움 없이도 이 정도의 군사력이면 충분히 승리할 수 있다는 자긍심이 있었다. 그러나 하나님은 이러한 생각을 악한 것으로 간주하셨다.

사사기 7장 2절의 "너를 좇은 백성이 너무 많은즉 내가 그들의 손에 미디안 사람을 붙이지 아니하리니 이는 이스라엘이 나를 거스려 자긍하기를 내 손이 나를 구원하였다 할까 함이니라"는 말씀에서 알 수 있듯이, 하나님은 너희들 손으로 스스로 구원했다는 소리가 듣기 싫으니 백성들을 다 돌려보내라고 말씀하셨다. 우리 숫자가 이 정도이니까 이긴 것이라고 스스로 높이는 근거 자체를 없애시려는 것이었다. 이와 같이 하나님은 숫자가 많은 것을 중요하게 생각하지 않으신다.

성경을 보면 하나님은 이스라엘의 역사가 아무리 어렵고 힘들더라도 사람을 소집하거나 거국내각을 구성하는 방법을 취하지 않으셨다. 시대가 어려울 때마다 한 사람 혹은 적은 무리를 사용하셔서 이스라엘 민족을 위기로부터 구해 내셨다.

고아로 자란 에스더를 왕궁으로 보내신 하나님은, 그녀를 왕후로 삼으신 것이 '이 때를 위함'임을 일깨워 주시고(에 4:14), 그녀를 통해 페르시아 제국 안에 있는 유대인들을 죽이려는 하만의 음모를 저지하게 하심으로써 백성을 건져내셨다.

모든 사람이 바알에게 무릎 꿇고 영적으로 타락했던 시대에도 하나님은 엘리야 한 사람을 사용하셨다. 엘리야는 이스라엘의 선지자였으나, '길르앗에 우거하는 자 중에 디셉 사람 엘리야가 아합에게 고하되'(왕상 17:1)라는 구절에서처럼 그의 배경에 대한 자세한 설명 없이 등장하고 있으며 그의 소속이나 신분이 성경에 명확히 나타나 있지 않다. 그러나 엘리야를 통해 바알과 아세라 선지자 850명을 물리치는 기적을 보이심으로써 하나님이 사람을 사용하시는 기준이 결코 객관적인 조건에 있지 않음을 드러내셨다.

왕을 세워 달라는 이스라엘 백성들의 요구대로 하나님은 사울을 왕으로 허락하셨으나, 그 인간적인 욕망 때문에 이스라엘이 실패의 길로 치닫고 있을 무렵에도 하나님은 한 사람을 사용하셔서 다시 회복의 약속을 주셨다. 하나님의 마음에 맞는 사람이었던 다윗을 왕으로 세우시고 나라와 민족을 새롭게 하셨던 것이다.

또한 광야에서 하나님을 원망하며 불평했던 약 60만에 달하는 이스라엘 자손을 멸망시키려 하셨을 때 모세가 그들의 동족의 죄악을 사하여 주시기를 하나님께 간구하자 그 중보의 기도를 들으시고 백성의 죄악을 사하여 주셨다(민 14:11-20).

이처럼 하나님은 소수의 사람들을 통하여 역사와 민족을 새롭게 하셨다.

하나님은 숫자가 많은 것을 좋아하지 않으신다

하나님은 13만 5천 명에 달하는 미디안의 군대가 와서 이스라엘을 포위하고 있는데도 미디안 군사력의 4분의 1도 안 되는 3만 2천 명이 많다고 하셨다. 합리적으로 생각해 보면 3만 2천 명의 군사력으로도 전술, 전략을 짜기가 어려운데, 하나님은 그들을 다 돌려보내고 그 숫자의 1퍼센트도 안 되는 300명의 용사만 남겨 두셨다. 그리고 이들을 통하여 거대한 미디안 병력을 간단하게 물리치셨다.

로마 시대에 로마 제국 차에서의 기독교인의 비율은 전체 인구의 1퍼센트도 안 되었다. 네로(Nero Cladius) 황제 때로부터 시작된 기독교에 대한 박해는 도미시안(Domitian), 디오클레시안(Diocletian) 황제에 이르기까지 약 270여 년간(A.D. 37~312년) 이어졌다. 화형을 당하고, 십자가에 달려 죽고, 지하 감옥에 갇히고, 사자의 밥이 되는 등 기독교인들이 당한 시련과 핍박은 말로 설명할 수 없을 정도로 처참하였다. 그러나 313년 콘스탄틴(Constantinus) 황제 때에 이르러 기독교는 마침내 국교가 되었고 로마 제국 내에 있는 기독교인들은 완전한 자유를 보장받을 수 있었다. 뿐만 아니라 디오클레시안 시대에 몰수당했던 교회 재산도 다시 환수되었다. 1퍼센트도 안 되는 기독교인들이 99퍼센트의 비기독교인을 이긴 질긴 생명력의 승리였던 것이다.

하나님은 우리가 얼마나 깨어 있는지를 물으신다. 어려운 상황 속에서 그분이 애타게 찾으시는 것은 창조적인 소수인 것이다. 하나님은 우리가 재력과 지위와 권력을 믿어 자신을 의지하고 하나님의 도움을 무시하는 것을 미워하신다. 오늘날 한국 교회는 영적인 힘과 권능을 잃어가고 있다. 교인의 숫자도 늘어나고 교회의 규모도 커졌으나 초대 교회의 성도들이 가졌던 생명력과 활기를 찾아볼 수가 없다. 왜 이렇게 되었는가?

예레미야 5장 1절에서 하나님은 "너희는 예루살렘 거리로 빨리 왕래하며 그 넓은 거리에서 찾아보고 알라 너희가 만일 공의를 행하며 진리를 구하는 자를 한 사람이라도 찾으면 내가 이 성을 사하리라"고 말씀하고 계신다. 하나님은 진리를 찾는 한 사람이 없어서 결국 예루살렘 성을 멸망시키셔야 했다. 이와 마찬가지로 소돔과 고모라 성도 죄인이 많아서 멸망한 것이 아니라 의인 열 명이 없어서 멸망당한 것이다(창 18:32). 하나님은 죄인의 숫자가 많은 것을 탓하시지 않고 의인 한 사람을 찾으시는 분이다. 이는 의인의 간구에 역사하는 힘이 많기 때문이다(약 5:16).

하나님은 오늘 이 시대에도 숫자가 많고 적음을 중요하게 여기시는 것이 아니라 창조적 소수를 계속 요구하고 계신다. 하나님께는 한 사람 한 사람이 어떤 정신을, 어떤 신앙의 자세를 가지고 있느냐의 문제가 중요하다. 후에 기드온의 삼백 용사가 된 자들이 물을 손으로 움켜 입에 대고 핥아먹었기 때문에 그들을 선택하신 것이 아니었다. 이것은 하나님께서 적은 숫자를 사용하신다는 것을 강조하기 위한 하나의 방편이었다. 적은 숫자, 창조적 소수, 진리의 편에 서 있는 한 사람을 통해서 하나님은 얼마든지 어긋난 역사와 민족을 새롭게 하실 수 있다. 창조적 소수가 되느냐, 그렇지 않은 다수가 되느냐의 선택은 우리의 몫이다.

펄떡거리는 물고기와 야생초는 생명력이 있다

『펄떡거리는 물고기처럼』이라는 제목의 책이 있다. 이 책의 제목처럼 살아 있는 물고기는 펄떡거린다. 살아 있는 물고기는 폭포를 거슬러 올라가는 힘이 있다. 죽은 물고기는 아무리 커도 힘없이 물 위에 둥둥 떠다니지만, 살아 있는 물고기는 아무리 작아도 탁류를 거슬러 올라간다. 우리도 살아서 펄떡거리는 물고기와 같이 이 시대에서 생명력이 있는 존재가 되어야 한다.

초대 교회의 성도들은 환난과 핍박이 있어도 합심하여 기도하였고, 기도할 때마다 성령이 임하여 큰 권능을 받았다. 성령의 권능에 의지해서 사단의 세력을 대적하고 환난과 핍박음 이기며 로마로, 안디옥으로 흩어져 복음을 전하였다. 그러나 오늘날의 교회와 성도들은 너무 나약하다. 생명력이 없고 영적인 활기를 잃어버렸다.

왜 이렇게 되었는가? 우리가 숫자와 물질을 믿고 살아가기 때문이다. 초대 교회의 성도들은 은과 금이 없어도 믿음이 약해지지 않았다. 시간을 정해 놓고 성전에 기도하러 갔던 베드로와 같이(행 3:1) 모든 성도들이 성령의 충만을 받을수록 기도에 힘썼다. 성령이 임하기 전에는 한 시간도 깨어 있지 못하던 베드로였으나(마 26:40), 성령의 충만을 받고 난 후에는 기도만이 살 길이라는 것을 스스로 인식하고 기도의 시간을 매일 따로 떼었다. 그러한 기도의 사람 베드로에게 앉은뱅이를 일으키는 능력이 나타났고, 이방인 선교에 대한 하나님의 마음이 전달되어 이방인 고넬료와 그 가문의 사람들에게 세례를 베푸는 역사가 있었다(행 10:9-

48). 보이지 않는 것을 믿는 믿음은 이와 같은 기적의 역사를 체험하게 한다.

그러나 요즈음은 이런 능력을 찾아보기가 힘들다. 왜 이런 시대가 되었는가? 보이는 것에만 의존하여 영적인 원칙들을 소홀히 여기기 때문이다. 얼마나 영적인 힘이 있고, 영적인 생기가 있느냐에 따라 역사하는 규모가 다른 것이다.

최근 베스트셀러가 되었던 책 중에 『야생초 편지』라는 에세이가 있다. 작가인 황대권씨는 서울 농대를 졸업하고 뉴욕 소재 사회과학 대학원에서 제3세계 정치학을 공부하던 중 학원간첩단 사건에 연루되어 무기 징역을 선고받았으나, 정권이 바뀌면서 13년 2개월만에 출감하게 된 기구한 이력의 소유자이다. 그는 교도소에서의 무료한 시간을 보내기 위해 야생초 화단을 만들어 100여 종의 풀들을 가꾸게 되었다. 그러면서 징역 생활을 즐기기 시작했고, 자신의 만성 기관지염을 고쳐 보려고 풀을 뜯어먹다가 야생초 연구가가 되었다고 한다.

그는 이 책에서 자신이 야생초를 좋아하는 이유를 인간의 손때가 묻은 관상용 화초에서 느껴지는 화려함이나 교만이 없기 때문이라고 밝히고 있다. 야생초에는 자연 속에서의 생존을 위한 몸부림이 있으며 능동적으로 자기 삶의 조건을 만들어 내고 또 자기 삶의 진로를 개척해 나가는 생명력이 있다는 것이다. 야생초는 언제나 제자리를 지키고 있다가 자신의 내부에서 터져 나오는 힘을 기다려 인내하면서 때가 되었을 때 이름 없이 피었다가 이름 없이 사라진다. 그러나 강한 생명력과 독특한 향기를 가지고 있으며 땅속 깊숙이 뿌리를 내리고 있기 때문에 오히려 그 주변의 토양을 더 비옥하게 만들어 준다는 것이다.

초대 교회의 성도들에게는 펄떡거리는 물고기나 야생초와 같은 강한 생명력이 있었다. 초대 교회의 성도들은 그 당시 인구수의 1 퍼센트도 안 되는 비율이었지만 로마 제국에 강력한 영향력을 미쳤으며, 박해 속에서도 오히려 그 세력이 더 강해져만 갔다. A.D. 250년 이후부터 기독교에 대한 박해는 로마 제국 전역에 퍼졌으며, 제국 내의 모든 기독교인들이 제거 대상이 되었으나 그들의 전도 활동은 수그러들지 않았다. 마침내 왕족에게까지 복음이 전도되어 콘스탄티누스 황제의 어머니 헬레나(St. Helena)가 회심하는 역사가 일어났다.

현대의 그리스도인들에게는 초내 교회의 성도들과 같은 전투력과 생명력과 야생성이 없다. 숫자가 많고 적은 것이 문제가 아니라 성도 한 개인이 얼마나 영적인 힘이 있는지의 문제가 중요하다.

지금은 인재 한 사람이 중요한 시대이다

지금은 인재 확보의 전쟁 시대라고 한다. 한 사람의 인재가 중요한 시대이다. 중국의 진(秦), 연(燕), 조(趙)나라와 같은 군주 시대에는 황제 한 명을 섬기는 데 수십만 명이 동원되곤 했다. 황제의 무덤을 만들고, 만리장성을 쌓기 위해 엄청난 인원과 물량이 필요했다.

그러나 지금은 그 반대이다. 지금은 인재 한 명이 수십만 명을 먹여 살리는 시대이다. 미국의 마이크로소프트 사(社)의 빌 게이츠(Bill Gates)와 같이 독창적인 아이디어를 가진 인재 한 명만 있으면 그 사람의 아이디어로 회사 전체가 운영되기도 한다.

현재 대기업에서는 능력 있는 사원을 미리 확보하여 장학금을 주고 외국에 유학을 시키는 등 인재를 키우는 데 심혈을 기울이고 있다. 유능한 인재 한 명이 입사하면 그 사람이 내놓는 아이템이나 기획 때문에 경영의 질이 달라질 수 있기 때문이다. 그래서 기업들마다 인재를 확보하기 위해 전쟁을 치르고 있다. 예전에는 면접에 합격한 사원들을 회사의 시스템에 맞추어 배치하였으나 지금은 유능한 인재가 들어오게 되면 그 사람이 원하는 대로 시스템을 맞추어 가는 시대이다. 왜냐 하면 21세기의 글로벌 경쟁 시대에서 기업이 살아남기 위해서는 창조적이고 능동적인 인재가 능력 위주의 업무를 추진해 나갈 수 있도록 뒷받침해 주는 것이 필요하기 때문이다.

인재라는 말은 음독이 같지만 의미상의 차이가 있는 서로 다른 다섯 가지의 단어로 분류된다. 즉 人財, 人才, 人材, 人在, 人災 등의 한자로 나누어 쓸 수 있다. 첫번째 '人財'란 돈이 되는 사람으로서 남에게 유익을 끼치고 여러 사람을 먹여 살리는 사람을 말한다. 잉여가치를 남기면서 영향력 있게 일을 하기 때문에 주변에서 그로 인해 물질의 복을 받았다는 평가를 듣는다. 두 번째 '人才'란 재주와 지혜가 있는 사람을 말한다. 솜씨가 있어서 어떤 일을 맡기더라도 잘 처리하는 재주꾼, 일꾼이다. 세 번째 '人材'란 기둥과 같이 버팀목이 되는 사람을 뜻하며 학식과 능력이 뛰어난 우수한 인물을 말한다. 네 번째 '人在'란 자리만 지키고 있는 사람이라는 뜻으로 월급만 축내는 사람이다. 다섯 번째 '人災'란 재앙을 불러들이는 사람을 말한다. 이 사람이 있음으로 해서 재난이 발생하므로 있을수록 손해가 되는 사람이다.

이처럼 같은 인재라도 남에게 유익을 끼치고, 재주와 지혜가 있고, 버팀목이 되는 인재가 있는 반면 자리만 지키는 인재, 재앙을 불러일으키는 인재가 있다. 우리는 어떤 사람이 되어야 하는가?

앞에서도 언급했듯이 지금은 인재 확보의 전쟁 시대이고 하나님도 사람을 찾고 계신다. 한 사람의 인재를 발굴하느냐 그렇지 못하느냐에 따라 기업의 운명이 달라지는 때이다. 교회도 마찬가지이다. 그 교회에 어떤 영적인 인물이 있느냐에 따라 교회의 영향력이 달라지게 되므로 성숙한 신앙의 인재가 계속 나와야 한다.

하나님은 지금도 전심으로 여호와를 찾는 자에게 능력을 베푸시고(대하 16:9), 신령과 진정으로 예배하는 자들을 찾고 계신다(요 4:23). 진리를 구하는 자를 한 사람이라도 찾으면 예루살렘 도성을 용서해 주시겠다고 약속하셨으나(렘 5:1) 사람들은 악한 시대에 미혹되어 진리로부터 떠나 있었다.

하나님은 창조적인 소수를 찾으시고 원하신다. 숫자를 자랑할 필요가 없으며 물질이나 여건, 환경을 탓할 필요가 없다. 하나님은 한 사람을 부르셔서 복의 근원으로 만드시기 때문에 그 사람이 있음으로써 그 집안이 복을 받고, 그 교회가 복을 받는 역사를 이끌어 내신다. 하나님은 창조적 소수, 펄떡거리는 물고기, 야생초와 같은 생명력 있는 사람을 원하신다.

우리가 어떻게 하면 하나님이 원하시는 창조적인 소수가 될 수 있는가? 우리도 생기 있게 창조적으로 살아가고 싶지만 마음이나 몸이 뒷받침되지 못할 때가 있다. 그러므로 편하고 수월한 것을 원하는 몸과 마음을 깨워 날마다 경건에 이르기를 연습해야 한다.

깨어 있어야만 창조적인 소수가 될 수 있다. 지금부터라도 심령을 새롭게 하여 하나님이 나 한 사람 때문에 내가 속한 사회에 권능을 베풀어 주실 수 있기를 구하는 비전을 품어야 한다.

사사기 7장의 주인공은 기드온이다. 기드온은 이스라엘 특공대의 대장이 되기에는 그리 탁월한 인물이 아니었다. 그럼에도 불구하고 하나님께서는 기드온을 사용하셔서 미디안과 그의 연합군들을 격멸시키셨다. 우리가 기드온처럼 은사와 능력이 탁월한 존재가 아니라 해도 하나님은 우리를 창조적 소수가 되게 하실 수 있다.

겁이 많고 소심하고 나약한 우리가 이 시대에 살아 움직이는 창조적인 소수가 되기 위해서는 어떻게 해야 하는가? 하나님께서 언제 인재를 보내 주시고 어떻게 인재를 만들어 가시는지 말씀을 통해 살펴보고 우리가 하나님께 쓰임받는 창조적 소수가 되기 위해 해야 할 일들을 생각해 보고자 한다.

하나님은 언제 인재를 보내 주시는가?

사사기 6장 6절부터 8절까지의 말씀에 "이스라엘이 미디안을 인하여 미약함이 심한지라 이에 이스라엘 자손이 여호와께 부르짖었더라 이스라엘 자손이 미디안을 인하여 여호와께 부르짖은 고로 여호와께서 이스라엘 자손에게 한 선지자를 보내사"라고 되어 있다.

이스라엘 백성들은 범죄할 때마다 미약해졌고 그때마다 블레셋이나 미디안이 쳐들어왔다. 6장 1절에도 "이스라엘 자손이 또 여호와의 목전에 악을 행하였으므로 여호와께서 칠 년 동안 그들을 미디안의 손에 붙이시니"라고 되어 있다. 하나님은 긍휼이 풍성하시고 자비로우신 분이지만 악하고 게으른 자를 싫어하시므로 이스라엘 백성들이 범죄할 때마다 블레셋이나 미디안을 통해 어려움을 당하게 하셨다.

이스라엘이 또 악을 행하자 하나님은 그들을 미디안의 손에 7년 동안이나 붙이셔서 압제를 당하게 하셨다. 미디안은 아말렉과 동방 사람들과 함께 이스라엘을 공격하였으며, 그들의 짐승들과 군대들로 인하여 전 이스라엘이 초토화되어 갔다. 미디안의 군대와 연합군들은 곡식을 파종하고 거둘 때마다 이스라엘을 치러 올라 왔고 양이나 소나 나귀까지 남김없이 소산을 멸하였으므로 먹을 만한 것이 없게 되었다. 그래서 이스라엘 자손들은 미디안을 피하여 산 속에 구멍과 굴과 산성을 만들어 살았다(삿 6:2-5).

이스라엘의 역사를 보면 그들이 어려움을 당할 때마다 취하는 방법이 하나 있었다. 그것은 사사기 6장 6절에 나와 있는 것처럼 여호와께 부르짖는 일이었다. 고통 중에서 이스라엘 백성들이 구원을 얻을 길은 하나님께 부르짖는 것뿐이었다. 이때에도 하나님은 이스라엘 자손들의 부르짖음을 들으시고 한 선지자를 보내어 그들의 불순종을 꾸짖으시며 애굽으로부터의 구원을 상기시켜 주셨다.

이스라엘 백성들이 부르짖을 때마다 하나님은 사무엘, 삼손, 기드온과 같은 사사를 보내 주셨다. 하나님이 사사를 보내시면 태평하다가 그 사사가 죽고 나면 또다시 교만하여 악을 행하였다. 그래서 이스라엘은 하나님의 징벌을 받게 되고, 또 회개하여 부르짖으면 하나님이 다시 구원자 사사를 보내어 주셨다. 이스라엘의 불순종, 하나님에 의한 징벌, 이스라엘의 회개, 구원자 사사의 등장으로 이어지는 순환이 주기적으로 나타나고 있었다. 그들의 연약함으로 인해 반복되는 죄악에도 불구하고, 하나님은 그들이 부르짖을 때마다 기도를 들으시고 해결책을 제시하셨다.

오늘 이 시대에도 우리가 부르짖어 기도할 때 하나님은 사람을 보내어 주신다. 내게 믿음이 없어도 영적인 도가니와 같이 부르짖는 교회, 성령이 무시로 역사하는 교회에서 신앙 생활을 해 나갈 때 그들과 더불어 성령 충만을 누리게 되고 신앙도 살아나게 된다. 내가 믿음이 좋을지라도 기도가 죽어 있는 교회, 잠자는 교회에서 신앙 생활을 하게 되면 함께 믿음이 약해진다. 이 시대에 펄떡거리는 교회, 창조적인 교회, 살아서 생기가 넘치는 교회가 되어야 젊은이가 모이고, 인재가 모이고, 교회가 부흥된다.

하나님께 부르짖는 것이 모든 문제에 대한 비결이다. 이스라엘 자손들이 미디안으로 인하여 부르짖을 때 하나님께서 한 선지자를 보내어 그들의 불순종을 꾸짖으심과 동시에 여호와의 사자를 기드온에게 보내셔서 이스라엘을 미디안의 손에서 구원하는 사명을 주셨다. 이스라엘 백성들이 하나님께 부르짖어서 응답으로 보냄받은 구원자가 기드온이었다.

하나님은 어떻게 기드온을 지도자로 만들어 가시는가?

하나님은 미디안으로부터 이스라엘 백성들을 구원할 300명의 대장으로 기드온을 세우셨다. 그러나 기드온이 원래부터 펄떡거리는 물고기와 같은 사람이었던 것은 아니다. 사사기 6장 11절과 12절에서 기드온은 매우 연약한 모습으로 등장하고 있다. 미디안의 빈번하고도 잔혹한 침탈 상황에서 잔뜩 겁을 먹고 있었던 것이다. 넓은 마당이 아니라 포도주 짜는 틀에 들어가서 밀을 타작하고 있었던 점으로 미루어 보아 그가 두려움에 사로잡혀 있었으리라는 점을 유추할 수 있다. 하나님이 기드온을 처음 부르실 때의 모습은 이와 같이 틀 속에 기어 들어가 있는 겁쟁이에 불과했다.

그러나 하나님은 그런 기드온을 향해 "큰 용사여"라고 부르셨다. 이것이 우리와 하나님의 관점의 차이이다. 겁쟁이 기드온을 '큰 용사'라고 부르시는 하나님께서 우리를 창조적인 소수가 되도록 이끌어 나가신다면, 우리가 아무리 병약하고 소심하더라도 걱정할 필요가 없다. 하나님은 사람을 만들어 가시는 분이기 때문이다. 하나님은 겁쟁이 기드온을 부르셔서 "큰 용사여 여호와께서 너와 함께 계시도다"(삿 6:12)라고 위로하신다.

하나님께서 함께하시면 누구나 큰 용사가 된다. 우리는 성경의 역사에서 하나님께서 큰 기적을 행하실 때마다 특정한 개인이나 공동체와 함께하셨다는 것을 볼 수 있다. "내가 모세와 함께 있던 것같이 너와 함께 있을 것임이라"(수 1:5), "이 전쟁에는 너희가 싸울 것이 없나니 항오를 이루고 서서 너희와 함께한 여호와가 구원하는 것을 보라 … 내일 저희를 마주 나가라 여호와가 너희와 함께하리라 하셨느니라"(대하 20:17), "싸울 때에 용사같이 거리의 진흙 중에 대적을 밟을 것이라 여호와가 그들과 함께한즉 그들이 싸워 말 탄 자들로 부끄러워하게 하리라"(슥 10:5)고 하셨다. 이처럼 하나님께서 함께하시는 임재가 권능이요 축복이요 영광이다. 우리가 누구와 함께 거하느냐에 따라 우리의 됨됨이가 결정된다. 하나님께서 함께하실 때는 큰 용사가 될 수 있는 것이다.

그러나 기드온은 "나의 주여 여호와께서 우리와 함께 계시면 어찌하여 이 모든 일이 우리에게 미쳤나이까"(삿 6:13)라고 하며 하나님의 말씀에 의심을 품었다. 그뿐 아니라 하나님이 기드온을 큰 용사라고 부르시며 미디안의 손에서 이스라엘을 구원하라고 말씀하시자 "주여 내가 무엇으로 이스라엘을 구원하리이까 보소서 나의 집은 므낫세 중에 극히 약하고 나는 내 아비 집에서 제일 작은 자니이다"(삿 6:15)라고 대답하였다. 사실이 그러하였다. 기드온은 므낫세 지파 중에서 작고 약한 가문인 아비에셀 사람 요아스의 가장 어린 아들이었다(삿 6:11). 기드온의 이러한 나약한 모습에도 불구하고 하나님께서는 "내가 반드시 너와 함께 하리니 네가 미디안 사람 치기를 한 사람을 치듯 하리라"(삿 6:16)고 말씀하고 계신다. 기드온은 작고 약한 자이지만 하나님이 함께하셔서 13만 5천 명을 한 사람 치듯 이길 수 있도록 도우시겠다는 약속이었다.

하나님께서 역사하시는 방법은 이와 같다. 사실 기드온은 작고 약한 자였다. 우리가 기드온처럼 세상적인 평가와 기준으로 자신을 바라본다면 우리는 누구든지 약한 존재이다. 자신을 약하고 작은 자라고 여기는 사람은 그렇게 살아가게 된다. 그러나 하나님은 우리를 그렇게 보시지 않는다. 기드온에게 말씀하셨던 것처럼 우리를 향해 '큰 용사여 내가 반드시 너와 함께하리라'고 말씀하신다. 이처럼 그리스도인들은 자신의 모습을 하나님의 관점으로 보고 스스로를 귀하게 여길 수 있어야 한다.

좋은 크리스천은 5가지 안경을 갖추고 있어야 한다. 즉 망원경, 쌍안경, 백 미러(back mirror), 사이더 미러(side mirror), 돋보기를 모두 사용해야 하는 것이다. 망원경을 갖추어야 한다는 것은 멀리 볼 줄 알아야 한다는 뜻이다. 모세의 어머니가 영적인 안목으로 그 아이 속에 있는 준수함을 보았던 것처럼 비전을 가지고 상황을 분별해야 한다.

쌍안경을 갖추어야 한다는 것은 현실을 정확하게 볼 줄 알아야 한다는 뜻이다. 오늘날의 많은 성도들은 현실감이 부족하여 뜬구름 잡듯이 살아가는 경향이 있다. 현실감, 현장감이 있어야 한다. 환자가 아무리 아프더라도 무작정 수술부터 하는 의사는 없다. 정밀 검사를 하고 난 후 이에 따른 진단과 처방을 내리는 것처럼 쌍안경으로 클로즈업(close-up)하여 사물을 더욱 정밀하게 관찰하고 정확하게 상황을 판단할 줄 알아야 한다.

다음으로 백 미러를 갖추어야 한다는 것은 뒤를 돌아볼 줄 알아야 한다는 뜻이다. 우리는 과거의 실패를 거울삼을 줄 알아야 한다. 삼성경제연구소의 보고에 의하면 우리 나라 사람들 중에는 학습 불감증 환자가 많다고 한다. 지하철 사고, 가스 폭발 사고, 백화점 붕괴, 홍수로 인한 인명 피해 등의 대형 사고가 나도 그때가 지나고 나면 다 잊어버린다. 600만 명의 유대인들이 가스실에서 독일인에 의해 학살당한 사건이 있은 후에, 살아남은 유대인들은 독일을 용서하되 다시는 그런 일을 당하지 말자고 다짐하였다. 과거를 쉽게 잘 잊어버리면 반복적인 실수를 하게 되고 반복적인 죄를 짓게 된다.

네 번째로 사이더 미러를 갖추어야 한다는 것은 객관성이 있어야 한다는 뜻이다. 차를 운전할 때도 급속하게 차선을 변경하지 않고 안전 거리를 유지하면 사고가 나지 않는다. 균형을 잘 유지하고 객관성을 갖추기 위해서는 사이더 미러를 잘 보아야 한다.

마지막으로 돋보기를 갖추어야 한다는 것은 자기를 잘 볼 줄 알아야 한다는 뜻이다. 자신을 잘 파악하되 세상의 관점으로 보는 것이 아니라 하나님의 관점으로 자신을 볼 줄 알아야 한다. 하나님께서 기드온을 큰 용사라고 부르시며 함께하리라고 말씀하셔도 기드온은 자신을 약한 자이고 작은 자라고 말하였다. 그는 거듭해서 스스로를 작다고 말하였다. 그러나 하나님의 안목으로 자신을 볼 줄 아는 것이 믿음이다.

내 모습을 내 눈으로 보면 작고 보잘것없는 것이 당연하다. 문제 없는 사람도 없고 기도 제목이 없는 사람도 없다. 누구나 남이 모르는 기도 제목이 있고, 숨겨져 있는 작고 약한 부분들이 있다. 그러나 이 시대에 하나님이 원하시는 창조적인 소수가 되기 위해서는 영적인 안목과 하나님의 관점으로 자신을 보는 것이 필요하다.

하나님께 쓰임받는 창조적인 소수가 되기 위해서는 속사람이 강건해져야 한다

기드온은 계속해서 하나님을 불신하였다. 그래서 그는 "내가 예물을 가지고 다시 주께로 와서 그것을 주 앞에 드리기까지 이곳을 떠나지 마시기를 원하나이다"(삿 6:18)라고 하면서 하나님께 확신을 얻기를 원하였다. 하나님께서 만일 자신을 받으시고 자신을 사용하신다면, 자신의 의심을 불식시킬 수 있는 표적을 보여 달라고 요구한 것이다. 예물로 드리는 제사를 받으시면 함께하시는 줄 믿겠다고 제안하기도 했다.

기드온의 요구에 응한 하나님께서는 기드온에게 그 사명을 확신시켜 주시기 위하여 표적을 보여 주셨다. 그러나 하나님의 표적을 본 기드온은 그때부터 새로운 두려움에 빠져 버렸다. 6장 22절의 "기드온이 그가 여호와의 사자인 줄 알고 가로되 슬프도소이다 주 여호와여 내가 여호와의 사자를 대면하여 보았나이다"라는 말씀은 그가 두려움에 빠진 이유를 설명해 주고 있다.

거룩하신 하나님을 대면하고 난 뒤 두려움에 빠진 기드온의 모습은 오늘날 한국 교회의 성도들의 모습이기도 하다. 특히 보수적인 교단의 율법적인 태도는 자유가 아닌 구속과 두려움을 조장한다.

율법적인 사람들은 한계에 빠지기 쉽다. 예수를 믿는다고 해서 모든 이들이 기뻐하는 삶을 사는 것은 아니다. 은혜를 체험하고 난 후 자신의 생활이 뒷받침되지 못하면 새로운 두려움에 빠지게 된다. 은혜를 받고 나면 영안이 밝아지고, 거룩하신 하나님을 뵙고 나면 자신의 죄가 다 보이게 된다. 햇살같이 강력한 하나님의 은혜는 어떤 면에서 극심한 갈등을 일으킨다. 죄인 중의 죄인이라는 영적인 두려움이 밀려오는 것이다.

지금 기드온은 이러한 상태에 빠져 있었다. 이사야가 거룩하신 하나님을 만나고 난 뒤 "화로다 나여 망하게 되었도다"(사 6:5)라고 고백하였듯이 기드온도 이러한 고통에 직면하게 된 것이다. 오늘날 한국 교회 성도들의 모습에서도 이러한 현상이 많이 나타난다. 율법의 수준에 고착되어 있기 때문에 구원 이후의 기쁨과 즐거움을 모른 채 정죄하고 판단하는 데 영적 에너지를 낭비하는 사람들이 많다.

왜 성도들이 자꾸 시험에 들고, 영적으로 의기소침해지는가? 하나님을 적당하게 알고, 율법 수준에서 아는 데 그치기 때문이다. 그때부터는 더 하나님을 두려워하게 되고 자책감, 죄책감, 자괴감에 시달리게 된다. 샘솟는 기쁨이 없고 영적으로 눌려 있는 삶을 살게 된다. 말씀을 들을수록 은혜를 받는 것이 아니라 부담을 느끼게 된다. 그러나 영적인 죄책감에 눌려 있으면 하나님께 쓰임받지 못한다. 돌을 치워야 눌려 있던 풀이 자랄 수 있듯이 죄책감은 떨쳐 버려야 한다. 그런데 이런 단계에 머물러 있는 사람들이 아직 많은 듯하다.

우리 주님이 이 땅에 오신 이유도 바로 죄인을 구하고, 병자를 치료하기 위한 것이었다(마 9:12). 예수께 짐을 내려놓으면 "그가 찔림은 우리의 허물을 인함이요 그가 상함은 우리의 죄악을 인함이라 그가 징계를 받음으로 우리가 평화를 누리고 그가 채찍에 맞음으로 우리가 나음을 입었도다"(사 53:5)라는 말씀이 약속한 구원 이후의 새로움을 입게 된다. 주님이 죄인 된 자, 경건치 않은 자를 구하러 오셔서 십자가를 지시고, 우리의 죄를 도말해 주셨으므로 죄책감에 짓눌려서 살아서는 안 되는 것이다. 나는 구원받은 자요, 주님의 은총 받은 자요, 사랑받은 자라는 의식으로 살아야 한다.

우리가 하나님 앞에서 축복을 받는 것은 우리 자신의 잘난 모습 때문이 아니라 하나님의 큰 은혜와 긍휼 때문이다. 은혜란 사랑받을 자격이 없는 자를 사랑하는 것이고, 긍휼이란 마땅히 벌을 받아야 할 자를 측은히 여겨 용서하는 것으로서 서로 내용은 다르지만 똑같은 사랑의 표현이다.

우리는 허물이 많고 부족하며 약하고 작은 자이지만 하나님께서는 우리를 긍휼히 여기시고 충성스럽게 여기셔서 일꾼으로 삼아 주시는 것이다. 이것을 망각하고 '슬프도소이다, 죄인이로소이다, 화로소이다'라는 말을 자주 해서는 안 된다. 우리는 원래 죄인이므로 이것을 날마다 고민할 필요는 없다. 하나님을 알아가고 말씀을 알아갈수록 죄가 더 투명하게 드러나겠지만 우리에게 선물하신 기쁨과 빛 가운데로 나아가야 한다.

하나님은 기드온에게 이것을 확인시켜 주시기 위해 "너는 안심하라 두려워 말라 죽지 아니하리라"(삿 6:23)고 말씀하고 계신다. 진리를 알고 나면 자유한 사람이 되어야 한다. 우리가 하나님의 긍휼을 덧입어서 쓰임받는 것이지 완벽해서 쓰임받는 것이 아니므로 죄책감이나 마음의 중압감에서 벗어나야 한다. 성령의 충만을 받아 영적으로 속사람이 강건해져야 한다. 영적인 죄책감에 짓눌려 살아갈 때는 생명력을 잃어버리고 세상을 감당하지 못하게 된다. 하나님은 우리를 구원하셔서 새로운 피조물로 만드시고, 생기와 소망이 넘치게 하시고, 동이 서에서 먼 것같이 우리의 죄를 우리에게서 멀리 옮기신 분이시다. "사망아 너의 이기는 것이 어디 있느냐 사망아 너의 쏘는 것이 어디 있느냐"(고전 15:55)라는 말씀처럼 예수를 믿으면 죄와 사망을 향하여 호통하는 사람들이 된다.

그러나 기드온은 하나님이 나타나셔서 보여 주셨음에도 불구하고 여전히 나약한 태도를 보이고 있다. 하나님은 기드온에게 우상을 없애라고 명령하셨으나 그는 그것을 낮에 행하지 못하고 밤에 행하였다. 6장 27절에 "이에 기드온이 종 열을 데리고 여호와의 말씀하신 대로 행하되 아비의 가족과 그 성읍 사람들을 두려워하므로 이 일을 감히 백주에 행하지 못하고 밤에 행하니라"라고 기록되어 있듯이 기드온은 여전히 하나님을 신뢰하지 못하고 두려워하고 있었다.

이 일 후에 기드온은 므낫세, 스불론, 납달리, 아셀 지파와 연합하여 이스라엘 골짜기에 진치고 있던 미디안 사람과 아말렉 사람 및 동방 사람을 치기 위하여 나서게 되었다(삿 6:33-35). 이때에도 기드온은 하나님께서 자신을 이스라엘의 구원자로 세우신 사실을 믿지 못하고 또다시 승리의 표적을 보여 주시기를 요구하였다.

기드온이 양털에만 이슬이 있고 사면 땅은 마르게 해 달라는 표적을 구하자 하나님은 그 표적을 보여 주셨다. 이 표적을 확인한 후에 기드온은 "주여 내게 진노하지 마옵소서 내가 이번만 말하리이다 구하옵나니"(삿 6:39) 하고 또다시 표적을 요구하였다. 이것은 그의 여덟 번째 요구였다. 여덟 번이나 하나님이 나타나셔서 기적을 행하시고, 표적을 보여 주시고, 주의 사자를 보내시고, 가르쳐 주시고, 들려 주셨음에도 기드온은 여전히 나약함을 보이고 하나님의 말씀에 대한 확신을 가지지 못하고 있었다. 그러나 300

명의 용사를 통솔할 수 있는 위대한 지도자가 되기까지 하나님은 끝까지 포기하지 않으시고 그를 조금씩 빚어 가셨다.

기드온을 끝까지 포기하지 않으시는 하나님은 우리도 이렇게 만들어 가신다. 우리가 기드온과 같이 삼백 용사를 통솔할 수 있는 지도력을 발휘하고, 펄떡거리는 물고기와 같이 창조적인 소수가 되기까지 하나님께서 우리와 끝까지 함께하시고 돌보셔서 차츰 온전케 하시는 것이다.

이제 하나님의 마음이 급해지셨다. 하나님은 기드온이 너무 겁을 먹고 있어서 혼자 적진에 내려가지 못할 것을 아시고 부하인 부라와 함께 적진으로 내려가서 그들의 하는 말을 듣고 오라고 명하신 것이다(삿 7:10-11). 적진에 가서 하나님이 어떻게 그들을 기드온의 손에 붙이셨는지를 직접 듣고 보고 오라고 하신 것이다.

마침내 기드온은 하나님의 '시청각 교육'을 통해 하나님의 행하심을 확신하게 되었다. "기드온이 그곳에 이른즉 어떤 사람이 그 동무에게 꿈을 말하여 이르기를 내가 한 꿈을 꾸었는데 꿈에 보리떡 한 덩어리가 미디안 진으로 굴러 들어와서 한 장막에 이르러 그것을 쳐서 무너뜨려 엎드러뜨리니 곧 쓰러지더라 그 동무가 대답하여 가로되 이는 다른 것이 아니라 이스라엘 사람 요아스의 아들 기드온의 칼날이라 하나님이 미디안과 그 모든 군대를 그의 손에 붙이셨느니라 하더라."(삿 7:13-14) 기드온은 두려워서 나서지도 못하고 있는데 적진에서는 이미 기드온 때문에 전의를 상실하고 있었다. 그들은 보리떡 한 덩이로 미디안이 패배하는 꿈 이야기를 주고받으면서 그 보리떡 한 덩어리가 다름아닌 기드온의 칼날이라고 해몽까지 하고 있었다. 하나님은 기드온에게 이것을 직접 듣게 하고 싶으셨던 것이다.

보리떡은 그 시대에 천민들이 먹던 음식이었다. 하나님은 큰 기적과 도우심을 행하실 때 크고 위대한 것을 사용하신 것이 아니라 보리떡과 같이 작고 보잘것없는 것들을 사용하셨다.

우리는 성경의 역사를 통해서 이러한 예들을 얼마든지 찾아볼 수 있다. 하나님이 홍해를 가르실 때는 모세가 손에 들고 있던 지팡이를 사용하셨고(출 14:16), 기생 라합의 온 집안을 구원하실 때는 창문에 매달아 놓은 붉은 줄을 표식으로 사용하셨고(수 2:18), 삼손이 블레셋 사람를 죽일 때는 보잘것없는 나귀 턱뼈를 사용하셨고(삿 15:15), 다윗이 거인 골리앗을 무너뜨릴 때는 손에 들고 있던 작은 물매 돌을 사용하셨으며(삼상 17:49), 엘리야가 3년 6개월만에 가뭄에 대하여 비를 내려 달라고 간절히 기도하였을 때도 그 응답으로 손바닥만한 작은 구름을 보여 주셨다(왕상 18:44). 예수님께서도 벳새다 들판에서 물고기 두 마리와 떡 다섯 개로 5천 명을 먹이시고 열두 바구니나 남게 하셨다(마 14:19-21).

하나님은 우리가 생각할 때 하찮고 보잘것없어 보이는 지팡이, 붉은 줄, 나귀 턱뼈, 돌멩이, 손바닥만한 구름, 물고기 두 마리와 떡 다섯 개로 자신의 역사를 이끌어 가신다. 하나님께서는 기드온에게 7장 13절과 14절의 말씀을 통하여 '네가 보리떡 한 덩어리에 불과한 존재이지만 하나님께서 함께하시면 위대한 용사가 된다'는 것을 보여 주고 계신다. 마찬가지로 하나님께서는 보리떡 한 덩어리 같이 미천하고 보잘것없는 우리를 창조적인 소수로, 펄떡거리는 물고기로 들어 쓰실 것이다.

창조적인 소수가 되기 위해서는 인정받는 인재가 되어야 한다

"세 대가 나팔을 불며 항아리를 부수고 좌수에 횃불을 들고 우수에 나팔을 들어 불며 외쳐 가로되 여호와와 기드온의 칼이여 하고."(삿 7:20) 기드온의 삼백 용사는 미디안과 그의 연합군에 맞서 싸울 때 한 손에는 횃불을 들고, 한 손에는 나팔을 들고 싸웠다. 이것은 하나님께 쓰임받는 창조적인 소수가 되기 위해서 우리가 겸하여 갖추어야 할 것들이 무엇인지를 생각하게 한다. 예수 믿는 사람은 교회 안에서뿐만 아니라 가정과 직장에서도 인정받는 사람이 되어야 하고, 영혼에 기름 부으심이 있어야 할 뿐 아니라 육체도 강건해야 하며, 또한 문무(文武)를 겸비해야 한다.

예수 믿는 사람은 자신의 안목에 의지하지 않고 영적인 안경을 끼고 살아야 하며, 세상에서도 인정받는 인재가 되어야 한다. 그러기 위해 한 손에 들어야 할 횃불이 무엇이며, 다른 한 손에 들어야 할 나팔이 무엇인지 살피고 하나님께 물어야 한다. 칼 바르트(Karl Barth, 1886~1968)가 '한 손에는 성경을, 한 손에는 신문을' 이라는 구호를 외쳤듯이 우리는 하나님의 말씀에도 정통한 자가 되어야 할 뿐만 아니라 우리가 일하는 현장에서도 실력 있는 자가 되어야 한다.

기드온에게는 300명의 적은 무리밖에 없었지만 한 손에는 나팔을, 한 손에는 횃불을 들고 미디안 군대를 향하여 나아갔다. 이것은 전쟁의 무기로 사용하기에 다소 엉뚱한 것이었으나 하나님이 승리로 이끄시는 데 사용하는 도구가 되었다. 그들이 이에 순종하였을 때 하나님께서 온 적군으로 동무끼리 칼날로 치게 하시므로 적군이 다 도망하였다(삿 7:22). 13만 5천 명이나 되는 거대한 군대가 자기들끼리 싸우도록 만드신 것이다. 하나님은 약속대로 '한 사람 치듯이' 그들을 물리치셨다. 하나님이 우리에게 말씀하시는 도구로 준비하고 하나님과 동역할 때, 놀라운 성공의 기적이 일어날 수 있다.

하나님은 지금도 창조적인 소수를 찾으신다

하나님은 지금도 깨어 있는 한 사람을 찾고 계신다. 숫자가 많다고 자랑해서도 안 되고 자신의 여건, 배경, 분위기를 탓해서도 안 된다. 나 한 사람이 복의 근원이 되고, 창조적인 소수가 되고, 펄떡거리는 물고기와 야생초와 같은 근성을 가지고 살아가면 하나님은 나를 통하여 역사하신다. 기드온을 통하여 13만 5천 명의 군대를 물리치셨듯이 나를 통해서도 그러한 일을 이루어 가신다. 하나님은 우리를 통해 얼마든지 집안을, 교회를, 민족과 역사를 새롭게 하실 것이다.

그러므로 우리 한 사람 한 사람이 복의 근원이 되고, 교회 부흥의 불씨가 되고, 역사의 밑거름이 되는 삶을 살아야 한다. 기드온의 삼백 용사의 의미와 하나님께서 한 사람 기드온을 어떻게 지도자로 만들어 가시는가를 깨닫게 될 때 우리도 하나님께 쓰임받는 창조적인 소수가 될 수 있다.

좋은 사람들의 경주

"이러므로 우리에게 구름같이 둘러싼 허다한 증인들이 있으니 모든 무거운 것과 얽매이기 쉬운 죄를 벗어 버리고 인내로써 우리 앞에 당한 경주를 경주하며 믿음의 주요 또 온전케 하시는 이인 예수를 바라보자 저는 그 앞에 있는 즐거움을 위하여 십자가를 참으사 부끄러움을 개의치 아니하시더니 하나님 보좌 우편에 앉으셨느니라."(히 12:1-2)

우리의 신앙 생활은 일정한 흐름을 가진다. 하나님께서 오늘 여기까지 우리를 이끄시는 동안 일정한 흐름과 연결과 만남이 있었던 것이다. 아버지가 있으면 자녀가 있고, 또 그 자녀가 장성하여 자식을 낳듯이 신앙에도 이러한 계보가 있다. 마치 릴레이 경주를 하는 것처럼 오늘의 내가 있기까지 누군가가 나를 위해 기도하고 떠밀어 주고 이끌어 준 연결된 역사가 있는 것이다.

히브리서 12장에서는 우리의 신앙 생활을 경주에 비유하고 있다. 1절 하반부에서는 '우리 앞에 당한 경주를 경주하라'고 말씀하고 있는데, 여기서 경주란 달리기 시합을 말한다. 달리기 시합에 참가한 선수들이 선두를 다투어 가며 달리기를 하듯이 인생은 마치 이러한 달리기와도 같다.

또한 히브리서 12장 1절에서는 인생이라는 경주를 할 때 우리에게 구름같이 둘러싼 허다한 증인들이 있다고 말하고 있다. 신앙이라는 경주가 고독하고 때로는 아무도 알아 주는 사람이 없는 것 같지만, 우리를 앞서간 많은 신앙의 선배들이 있으며 구름같이 둘러싼 허다한 증인들이 있는 것이다.

신앙이라는 경주

그러면 신앙이라는 경주는 어떤 것인가? 새해가 되면 지나간 1년을 되돌아보고, 지나온 인생을 되돌아보게 된다. 시간을 따라 생각 없이 흘러가는 것이 아니라 지금의 내 인생이 어디로 가고 있는지, 제대로 가고 있는지를 점검해 보아야 하는 것이다. 그리고 오늘의 내 인생 경주에 있어서 어떻게 사는 것이 잘 달리는 것인지, 어떻게 사는 것이 인생 경주에서 낙오하거나 실격되지 않는 것인지를 살펴보아야 한다. 그러기 위해서는 앞서간 신앙의 선배들의 삶의 패턴을 잘 관찰하는 것이 필요하다.

히브리서 기자는 12장 1절에서 우리에게 구름같이 둘러싼 허다한 증인들이 있으므로 모든 무거운 것과 얽매이기 쉬운 죄를 벗어버리고 인내로써 우리 앞에 당한 경주를 경주해야 한다고 말하고 있다. 이처럼 필요 없는 거추장스러운 짐을 지고 달리기를 하는 사람은 없다. 될 수 있으면 복장까지도 가뿐하게 하는 것이 경주에 도움이 된다. 그러므로 우리 인생의 모든 무거운 것과 얽매이기 쉬운 것이 무엇인지를 깨닫고 이를 떨쳐 버리는 것이 필요하다.

우리가 신앙 생활을 하는 데 있어서도 어제의 기도와 오늘의 기도가 다르고, 기도의 시간이 늘어나면서 신앙의 연수도 쌓여 가지만, 때로는 실수할 때가 있고 잘못된 결정을 내릴 때도 있다. 그러나 그럴 때마다 좌절할 이유가 없는 것은 주님 앞에 묻고 다시 시작하면 되기 때문이다. 주님 앞에 나아가 자신의 부족함을 시인하고 잘못된 길을 돌이켜 다시 바른 길로 나아가면 된다.

이와 같이 우리가 신앙의 경주를 해 나갈 때 시행착오를 되풀이하지 않기 위해서는 좋은 모델이 필요한데, 지혜롭고 현명한 삶에 대한 모델이 되는 믿음의 선수들이 바로 '믿음의 장(章)'이라고 불리는 히브리서 11장에 나오는 사람들이다. 이들은 믿음 안에서 약속된 구원을 기다렸던 경건한 사람들로서 삶의 시련을 하나님께서 허락하신 경건한 훈련으로 간주하고 인생이라는 경주에서 승리했던 사람들이다. 이들이 어떻게 인생 경주에서 승리했고, 하나님이 부르실 때 어떻게 쓰임받았으며, 그 신앙의 배턴(baton)이 어떻게 오늘날 우리에게까지 이어졌는가 하는 신앙 경주의 역사를, 그리고 신앙의 경주에서 승리했던 메달리스트들의 면면을 히브리서 11장을 통해 살펴볼 수 있다.

11장 1절에서는 "믿음은 바라는 것들의 실상이요 보지 못하는 것들의 증거니"라고 말씀하고 있고, 10장 38절에서는 "오직 나의 의인은 믿음으로 말미암아 살리라 또한 뒤로 물러가면 내 마음이 저를 기뻐하지 아니하리라"고 말씀하였다. 여기서 강조되고 있는 이 믿음이라는 것은 무엇을 의미하는 것일까?

히브리서 기자는 믿음이 이론도 아니고 허황된 생각도 아니며 바라는 것들의 실상이라고 하였다. 지금은 꿈을 꾸는 것 같고, 앞길이 막막하고 힘들지만 믿음이 있다면 인생 경주를 다 마친 후에 이미 바라고 원했던 것들이 내게 실제가 되어 있음을 보게 된다는 것이다. 믿음의 현장에서는 소원을 품은 기도가 언제나 응답되고, 현실과 맥락이 닿지 않는 것 같은 꿈과 비전이 눈 앞에서 실제로 이루어진다.

우리가 오직 믿음 안에 있을 때 이러한 일들이 일어나는 것이다. 그러므로 믿는 사람들은 뒤로 물러가서도 안 되고, 침륜에 빠져서도 안 되고, 포기해서도 안 되고, 얽매여 있어서도 안 된다. 모든 얽매이는 것과 우리를 어둡게 하고 힘들게 하는 것을 떨쳐버리고 달려가는 것이 인생의 경주인 것이다. 그 경주에 있어서 앞서간 신앙의 선수들이 히브리서 11장에 소개되어 있다.

구약의 신앙의 선수들

첫번째로 소개되어 있는 선수는 아벨이다. 히브리서 11장 4절에서는 "믿음으로 아벨은 가인보다 더 나은 제사를 하나님께 드림으로 의로운 자라 하시는 증거를 얻었으니"라고 아벨을 소개하고 있다. 왜 장남인 가인이 아닌 아벨이 믿음의 첫번째 선수가 되었는가? 그것은 아벨이 하나님께 더 나은 제사를 드린 사람이었기 때문이다. 하나님께서 지금도 이 시대에 찾고 있는 사람은 다름 아닌 신령과 진정으로 예배드리는 사람이다.

릴레이 경주에 있어서도 첫번째 주자(走者)의 역할이 중요하듯이 신앙의 경주에 있어서도 첫번째 믿음의 선수가 중요하다. 아벨이 바로 기독교 신앙의 첫번째 선수로서 예배에 성공한 모델이다. 그러므로 우리는 선두 주자의 본을 따라 언제, 어떠한 상황에 처해 있든지 하나님께 예배드리는 일을 가장 먼저 해야 한다. 현대의 바쁘고 피곤한 일상에서도 가족들이 모였을 때 가장 먼저 해야 할 일은 예배이다. 하나님이 십계명을 주시면서 천 대(千代)에 이르기까지 복을 받는 비결은 하나님의 계명을 지키고 하나님의 말씀대로 살아가는 것이라고 말씀하셨기 때문에 각자 분주한 중에도 흩어졌던 가족들이 모일 때마다 둘러앉아 예배를 드리며 지켜주신 하나님께 감사하는 일이 중요하다. 하나님은 지금도 예배자를 찾고 계신다.

CCC, 네비게이토, SFC, IVF, UBF, 예수전도단 등의 학생 선교 단체들은 생명력과 부흥이 있으며 영성이 살아 있다. 나약하고 비전도 가지지 못했던 학생들이 선교 단체에서 깨어 있는 영성을 경험하고 그리스도의 강한 용사로 성장하는 이유는 이곳에 예배가 살아 있기 때문이다. 그들은 선교 단체를 통해 오직 말씀, 오직 기도에만 힘쓰는 것을 배우게 된다. 기도와 말씀에 집중하여 순수한 복음을 접하기 때문에 변화에 대한 소망이 생기고 온전한 그리스도인으로 서게 되는 것이다.

CCC는 그리스도의 푸른 계절이 이 땅에 오게 한다는 구호 아래, 자신의 세대에 자신의 직업을 가지고 땅 끝까지 복음을 전하는 세계 선교를 목표로 하고 있다. SFC 강령 첫번째도 세계 복음화이다. 우리 나라에 선교 단체가 소개된 지 50년도 채 되지 않았고, SFC는 특히 국내에서 만들어진 단체이지만, 인생을 걸고 헌신하는 전임 간사들이 100여 명에 이르고 있고 수만 명의 학생들이 회원으로 활동하며 훈련을 받고 있다.

왜 선교 단체들은 이렇게 부흥하고 있는가? 소수의 사람들이 무릎을 꿇어 미약하게 시작했을지라도 오직 기도, 오직 말씀으로 헌신적인 예배를 드리는 데 성공했기 때문이다. 하나님께서 그들의 예배에 기름 부어 주시고 예배를 통하여 영혼들을 만져 주시기 때문에 학생들의 중심에 변화가 일어나고 이 시대를 이끌어 가는 영적 지도자의 꿈을 꾸게 되는 것이다.

복음이 한국에 들어온 지 이제 100여 년이 조금 지났고 선교 단체들이 이 땅에 들어 온 것도 수십 년밖에 지나지 않았다. 외국의 경우에는 천 년의 역사를 가진 선교 단체들도 많이 있으나, 짧은 역사에도 불구하고 한국의 선교 단체들이 괄목할 만한 성장을 이루고 수많은 선교사를 배출하고 있는 것은 예배에 성공했기 때문이다.

좋은 예배자가 되는 것은 모든 그리스도인의 목표가 되어야 한다. 예배자가 된다는 것은 우리에게 주어진 가장 큰 특권이라고 할 수 있다. 아무나 주님 앞에 나아가 예배하고 교제할 수 있는 것이 아니다. 이것이 그리스도의 십자가를 통해 주어진 은혜의 선물이며 귀중한 축복임을 인식해야 한다. 아벨이 첫번째 믿음의 선수가 된 것은 그가 자신에게 허락된 예배의 특권을 소중하게 생각했기 때문이다. 그는 자신의 제사로 하나님을 영화롭게 했다. 여호와께서 아벨과 그 제물은 열납하셨으나 가인과 그 제물을 받지 않으신 것은(창 4:4-5), 그 중심과 인격을 보고 계셨기 때문이다. 아벨이 드린 제사는 제물뿐 아니라 자신의 몸과 마음을 모두 바친 인격적인 제사로서 하나님께서 생각하시는 예배의 본질에 부합되는 것이었다.

하나님께서 부흥을 주실 때 그리고 그의 자녀를 고치시고 은혜를 주실 때는 반드시 예배가 매개된다는 것을 알 수 있다. 예배에 집중하게 되면 말씀을 듣게 되고, 말씀에 주의할 때마다 하나님이 기뻐하시는 것이 무엇인지 깨닫게 되고, 그것을 깨달을 때마다 우리의 인격이 변화되고 우리 속에서 뜨거움이 일어나게 되는 것이다.

이것이 바로 부흥이다. 하나님은 지금도 말씀을 통해서 역사하시고 인도하시고 고치시기 때문에 예배가 없는 부흥과 인도와 영광과 간증은 있을 수가 없는 것이다. 마르다와 마리아의 경우에 있어서도 마리아가 칭찬을 받은 이유는 주님의 발 아래 앉아 그의 말씀을 들었기 때문이다(눅 10:39-42). 그러므로 우리는 말씀을 우선으로 하는 좋은 예배자가 되어야 한다.

믿음의 두 번째 선수는 에녹이다. 에녹은 하나님과 동행하며 늘 함께한 사람이었다(창 5:24). 그는 다른 사람들처럼 평범한 일상을 보내면서도 하나님과 언제나 동행하는 삶을 살았다.

히브리서 기자는 "믿음으로 에녹은 죽음을 보지 않고 옮기웠으니 하나님이 저를 옮기심으로 다시 보이지 아니하니라 저는 옮기우기 전에 하나님을 기쁘시게 하는 자라 하는 증거를 받았느니라"(히 11:5)고 기록하였다.

하나님께 축복받은 사람들의 특징 중 하나는 그들이 주님이 기뻐하시는 일을 했다는 것이다. 주님이 기뻐하시는 일을 하면 주님도 그 사람을 기뻐하신다. 그런 사람들에게 주님은 사랑을 표현하시고 함께하신다는 증거를 보여 주신다. 에녹이 365세를 향수하다가 죽음을 보지 않고 하늘로 옮기워진 것은 그가 죽기 전에 하나님을 기쁘시게 하는 자라는 증거를 남겼기 때문이다.

우리도 주님 앞에서 주님이 기뻐하시는 일을 해야 한다. 믿음이 없이는 기쁘시게 못 한다고 했듯이(히 11:6) 하나님이 가장 기뻐하시는 것은 우리의 믿음이다. 그러므로 하나님께 나아가는 자는 반드시 그가 계신 것과 또한 그가 자기를 찾는 자들에게 상 주시는 이심을 믿어야 하는 것이다(히 11:6).

성경에는 5천 가지 이상의 약속의 말씀이 있다. 그 중에서 한 구절만 붙들어도 하나님의 축복을 누릴 수 있다. 그러나 많은 그리스도인들이 이 약속의 성취를 우리의 일상과 연결시키지 않고 성경 안에만 가두어 두기 때문에 하나님이 행하시려는 그 모든 축복의 실현이 잠정적으로 묶여 있을 수밖에 없다. 하나님이 살아 계시다는 것과 당신을 찾는 자에게 상 주시고, 면류관을 주시는 분이심을 믿어야 한다. 그래서 그 약속을 현실 속에서 쟁취하는 자가 되어야 한다. 천국은 침노하는 자의 것이다(마 11:12). 하나님은 우리를 향해 구하고 찾고 두드리라고 말씀하신다. 하나님이 예비하시고 약속하신 것을 유효하게 하는 일은 우리의 책임인 것이다.

세 번째 믿음의 선수는 노아이다. 히브리서 11장 7절에서 "믿음으로 노아는 아직 보지 못하는 일에 경고하심을 받아 경외함으로 방주(方舟)를 예비하여 그 집을 구원하였으니"라고 말씀하고 있다.

현대인들은 시각적인 것을 중요하게 여긴다. 현대의 많은 문명은 보이는 것만 믿으라고 우리를 부추긴다. 그러나 성경은 보이지 않는 영적인 것에 대해 경고하고 있다.

우리가 보이지 않는 것, 보지 못하는 것을 어떻게 받아들이느냐에 따라 신앙의 수준이 달라진다. 노아는 보지 못하는 일에 대해 경고를 받았을 때 하나님을 두려워할 줄 아는 사람이었다. 그래서 하나님의 말씀대로 방주를 예비하고 마침내 그 집을 구원하게 되었던 것이다.

노아가 믿음의 경주에서 성공한 사람이 되었던 이유는, 사람들의 비웃음과 조롱을 염두에 두지 않고 방주를 예비하라는 하나님의 명령을 따라 긴 세월 동안 그대로 순종하였기 때문이다. 그는 고독을 감내하면서 보이지 않는 하나님의 약속의 때를 기다리며 하나님이 지시하신 규격대로 방주를 만들었으며 명하시는 대로 다 준행하였다(창 6:13-22).

창세기 6장은 노아가 당세에 완전한 자였다고 말하고 있다. 세상이 패역하고 죄악이 관영해도 노아는 이에 물들지 않고 하나님 보시기에 완전한 자로 인정받았던 사람이었다. 우리도 이러한 존재가 되기를 꿈꾸어야 한다. 하나님은 여전히 이 시대의 노아를 찾고 계신다.

노아 다음으로 등장하는 믿음의 선수는 아브라함이다(히 11:8-10). 아브라함은 자신의 가장 귀한 것을 하나님께 드린 사람이었다. 100세에 낳은 독자보다 하나님의 뜻을 더 귀히 여길 수 있는 진정한 믿음이 그를 믿음의 조상이 되게 했다.

성경은 아브라함에 이어 사라에 대해서도 언급하고 있다. "믿음으로 사라 자신도 나이 늙어 단산(斷産)하였으나 잉태하는 힘을 얻었으니 이는 약속하신 이를 미쁘신 줄 앎이라."(히 11:11) 사라가 어떻게 열국의 어미가 되었는가? 사라는 나이가 들어 단산하였던 사람이다. 그러나 미쁘신 하나님이 자식을 주신다고 약속하셨고 사라를 열국의 어미로 세우시겠다고 말씀하셨기 때문에(창 17:16) 그 약속에 기대어 자신의 상황을 돌아보지 않았던 것이다. 그러므로 하나님은 이들의 믿음을 통해 자신의 약속을 성취하셨다. "죽은 자와 방불한 한 사람으로 말미암아 하늘에 허다한 별과 또 해변의 무수한 모래와 같이 많이 생육하였느니라"(히 11:12)라는 말씀이 이를 증거하고 있다. 하나님은 아브라함 한 사람을 통하여 복의 근원이 되게 하시고 사라 한 사람을 통하여 열국의 어미가 되게 하신 분이다.

아브라함이 낳은 독자 이삭은 자신이 판 우물도 빼앗기는 연약한 자였다(창 26:17-22). 그러나 하나님은 약속의 자녀인 이삭을 통하여 하늘의 허다한 별과 같이, 해변의 무수한 모래와 같이 생육하고 번성하여 뻗어가게 하셨다.

또한 '속이는 자'였던 야곱은 어머니 리브가와 공모하여 아버지 이삭으로부터 장자의 축복을 받고 형 에서에게 쫓겨 도망하여 돌을 베개 삼는 신세가 되었고 외삼촌 댁에서 20년 동안 처가살이를 하였다.

요셉은 형들에게 팔려 노예 신세가 되었고 누명으로 감옥에 갇히는 등 많은 고난과 역경을 경험한 사람이었다. 아브라함, 이삭, 야곱, 요셉으로 이어지는 4대 족장의 이야기만 살펴보아도 그들의 삶이 얼마나 파란만장한 것이었는지를 알 수 있다.

하나님의 구원 역사는 결코 쉽게 흘러가지 않는다. 그러나 하나님께서 그 흐름을 친히 이끌어 가신다. 아브라함을 불러서 역사하신 하나님은 이삭을 붙드셨고, 연약한 이삭을 통하여 역사하신 하나님은 속이는 자였던 야곱과 죄수인 요셉을 붙드셨으며, 또한 요셉을 통하여 역사하신 하나님은 모세로 하여금 수백 만의 이스라엘 백성들이 출애굽할 수 있도록 믿음의 경주의 배턴을 이어가게 하셨다. 이러한 믿음의 선수들마다 그들 나름대로의 특징이 있다. 장거리에 강한 사람이 있고 단거리에 강한 사람이 있으며, 초반 출발이 좋은 사람들이 있고 마지막으로 갈수록 힘이 나는 사람이 있다.

아벨은 예배를 잘 드린 사람이었고, 에녹은 하나님과 손잡고 동행한 사람이었으며, 노아는 120년간 믿음으로 방주를 만들었던 사람이었다. 모세는 또한 거절할 줄 아는 사람이었고, 요셉은 잠시도 죄악의 낙에 빠지지 않는 사람이었다.

선수란 구별된 사람이다. 성도라는 단어도 거룩하게 구별된 사람을 일컫는 말이다. 운동 선수들은 자기 개인 시간이 거의 없으며 팀의 통제를 받고 단체 훈련을 받는다. 자기의 즐거움과 쾌락을 멀리하고, 가족과도 떨어져 혼자 고된 훈련을 받으면서 잠시 동안의 편안함을 거절할 줄 안다. 다니엘도 왕의 진미를 거절했던 사람이다(단 1:8). 하나님은 잠시 죄악의 낙을 누리는 것보다 하나님의 백성들과 함께 고난받는 것을 즐기는 사람들을 사용하시고 선수로 세우시는 것이다.

히브리서 11장은 계속해서 믿음의 선수들을 소개하고 있다. 30

절에서는 "믿음으로 칠 일 동안 여리고를 두루 다니매 성이 무너졌으며", 31절에서는 "믿음으로 기생 라합은 정탐군을 평안히 영접하였으므로 순종치 아니한 자와 함께 멸망치 아니하였도다", 32절에서는 "내가 무슨 말을 더하리요 기드온, 바락, 삼손, 입다와 다윗과 사무엘과 및 선지자들의 일을 말하려면 내게 시간이 부족하리로다"라고 말하고 있다.

하나님은 이와 같이 많은 믿음의 선수들을 세우셔서 하나님 나라의 믿음의 배턴을 이어가게 하셨다. 이러한 사람들이 구약의 선수로서 믿음의 활약을 했다.

신약 이후의 신앙의 선수들

믿음의 경주는 신약 시대로 넘어오면서도 계속 이어졌다. 예수님께서는 베드로를 부르시고, 야고보와 요한과 그의 제자들을 부르셨으며 사도 바울을 다메섹 도상에서 꺾으시고 예수 믿는 사람들에 대한 핍박자를 전도자로 만드셨던 것이다.

이러한 믿음의 제자들, 사도들을 통해서 교부들에게로 믿음이 흘러갔고 그 교부들에 의해 믿음이 다시 전수되면서 18세기에 이르러 기독교 역사에 있어서 본격적인 선교의 시대가 열리게 되었다. 16~17세기의 종교개혁 시대에는 오히려 복음이 제대로 전파되지 못하였다. 왜냐 하면 로마 교황청과 고위 성직자들의 경건치 못한 생활에 대한 불신으로 새로운 영성을 갈망하는 분위기가 조성되었고, 신자들은 로마 가톨릭에서 벗어나려고 몸부림치고 있었기 때문이다. 종교개혁가 마르틴 루터(Martin Luther,

1483~1546)와 존 칼빈(John Calvin, 1509~1564)에 의해 로마 가톨릭의 부당성이 폭로되고 오직 성경으로, 오직 믿음으로, 오직 은혜로 돌아가야 한다는 기치 아래에서 신앙의 새로운 기반이 닦이고 있던 때였다. 따라서 신앙의 선교적인 전수가 원활히 이루어지지 않고 오히려 뒷걸음질했던 시대였다고 할 수 있다.

종교개혁 시대를 지나 개신교 역사에서 선교가 활기를 띠었던 시기는 18세기 경건주의 운동이 일어날 때부터이다. 경건주의 운동은 독일의 할레(Halle)대학에서 스페너(Philip Jacob Spener, 1635~1705)에 의해 시작되었다. 1517년 마르틴 루터에 의해 신앙 회복 운동이 일어난 후 3~4세기가 지나자 교회는 다시 제 모습을 상실하게 되었다. 30년간의 긴 종교전쟁(1618~1648)은 개신교의 승리로 끝이 났지만, 참혹하고 무서운 전쟁을 겪으면서 인간성이 파괴되었고 술취함과 간음, 남색, 도적질과 토색 등의 범죄가 만연하는 등 정신적, 도덕적 피해는 더욱 심각해져 갔다. 이러한 가운데서 교회는 영적인 지도력을 잃었으며 루터가 종교개혁을 이룬 지 100년밖에 지나지 않았지만 다시 과거의 교리적 신앙에 빠지고 목사들은 성경과는 거리가 먼 설교를 하게 되었다.

이러한 시대적 분위기 속에서 문제 의식을 가지고 진정한 회개와 거룩한 생활을 주창한 경건주의자들이 생겨나게 되었는데 이 운동을 시작한 사람이 바로 스페너였다. 스페너는 『그리스도의 모습을 닮아 가는 경건의 훈련』이라는 루이스 베일리(Lewis Bayly, 1565~1631)의 책을 강독하며 주일 밤과 수요일 밤마다 성경 공부를 진행하였다.

이렇게 시작된 경건주의 운동이 전 독일로 번져 나갔으며 그의 제자 프랑케(August Hermann Francke, 1663~1727)는 라이프치히 대학에서 성경 공부반을 만들어 지도자들을 양성하였다. 스페너와 그의 제자 프랑케를 중심으로 한 경건주의 운동의 특징도 말씀으로 돌아가자는 것이었고 기도를 통해 그들의 가슴에 불이 붙게 되자 우리 시대에 우리 직업을 통해 땅 끝까지 복음을 전하자는 운동이 일어났다. 성경을 읽고 또 읽어 자기의 삶 속에 적용시켜 자신을 변화시키고 캠퍼스와 사회를 변화시키자는 운동이었다. 이 운동을 통해 세계 각지로 목회자들이 파송되었고 또한 성서협회를 세워 성경을 각국 언어로 번역하였으며, 선교의 아버지 윌리엄 캐리(William Carey, 1761~1834)보다 100여 년 먼저 세계 선교의 비전 속에서 선교사를 파송하였다. 이때 기독교 역사상 최초의 선교 운동이 독일에서 할레 대학을 중심으로 하여 일어나게 되었다. 할레 대학을 통해 배출된 6천 명 이상의 목사들이 전 세계 곳곳에 선교사로 파송되어 세계 선교에 큰 영향을 끼치게 된 것이다. 이 영향 속에 진젠도르프(Nikolas Ludwig von Zizendorf, 1700~1760)의 모라비안 운동(Moravianism)이 탄생하게 되었으며 그 영향으로 웨슬리의 감리교 운동, 미국의 대각성 운동이 탄생하게 되었다.

독일의 백작이었던 진젠도르프는 30년 전쟁 때 보헤미아에서 피난 온 얀 후스(Jan Hus, 1370~1415)의 후예들인 모라비안 형제단(Moravian Berthren)에게 자기 땅인 삭소니(Sachsen)의 헤른후트(Hernhut : The Lord's Watch)를 내어 주었고, 이로부터 모라비안 운동이 시작되었다. 모라비안들은 독일 경건주의의 한 축을 이루는 신앙인들로서 하루 24시간을 기도와 급진적인 복음 설교, 합창회, 애찬 나눔과 개인적 헌신으로 보내는 독특한 스타일의 신앙인들이었다. 각 나라에 흩어져 살고 있던 모라비안들이 진젠도르프를 중심으로 예수 그리스도 안에서 하나로 뭉쳤으며 진젠도르프는 어디든지 준비된 일꾼을 보내기 위해 이들에게 엄격한 신앙 훈련을 시켰다. 이들은 각자의 직업과 은사를 가지고 검소하게 살면서 사랑의 공동체를 이루어 나갔다. 또한 진젠도르프의 선교적 도전 하에 소극적인 경건 생활에서 적극적인 세계 선교로 방향을 전환하여 각 나라에 많은 선교사들을 파송하였으며, 뜨거운 선교의 열정으로 선교지를 여행하면서 복음을 전하였다.

그 시대의 사람들은 선교 여행을 하던 모라비안들을 일컬어 '좋은 사람들(That's good men)'이라고 불렀다. 모라비안 선교회에 소속되었다는 그 자체가 신용장이 되었고 믿을 만한 사람들로 인정받을 수 있었던 것이다. 모라비안 운동이 기독교 역사에서 중요한 이유는 진젠도르프에 의해 개신교 역사상 해외 선교가 처음으로 이루어졌기 때문이다. 그 이전에는 선교라는 단어가 없었고, 독립된 분야로 자리잡고 있지 못했다.

모라비안에게 영향을 받은 중요한 사람은 영국 감리교의 창시자가 된 웨슬리(John Wesley, 1703~1791)였다. 1735년 미국으로 가기 위해 대서양을 횡단하던 도중에 웨슬리는 처음으로 모라비안 경건주의자들과 접촉하였으며, 이때 웨슬리는 그들이 매우 신중한 성품을 가진 사람들임을 발견하였고 폭풍우 속에서도 아무런 공포심을 느끼지 않는 그들의 신앙에 도전을 받게 되었다.

웨슬리는 스팡겐베르크(Augustus Gottlieb Spangenberg,

1704~1792)라는 모라비안 선교사에 의해 '당신은 하나님의 아들이 되었다는 성령의 증거를 마음 가운데 가졌는가? 하나님의 성령께서 당신이 하나님의 아들이 되었음을 증거하셨는가? 당신은 예수 그리스도를 아는가? 당신은 예수 그리스도가 당신을 구원하셨다는 것을 아는가? 당신은 당신 자신을 아는가?' 라는 질문을 받았다. 지금까지 웨슬리는 자신의 영적 생활의 실태를 이렇게 심각하게 검증하는 질문을 접해 본 적이 없었다. 이 질문이야말로 웨슬리가 대서양 항해 도중에 얻은 최대의 수확이었다.

1738년 5월 24일 웨슬리는 런던의 올더스게이트(Aldersgate)가에서 모인 한 저녁 집회에서 루터의 로마서 서문을 읽는 것을 듣던 중에 중생의 체험을 하게 되었고, 이 체험을 통해 하나님께서 예수 그리스도를 통해 자신의 죄를 사해 주셨다는 확신을 갖게 되었다. 이와 같이 웨슬리는 올더스게이트에서 중생의 체험을 한 지 18일 후인 1738년 6월 11일에 옥스퍼드 광장에서 '믿음으로 말미암은 구원'이라는 제목의 유명한 설교를 하게 되었다.

그후 웨슬리는 그리스도께서 주시는 자유로운 은총에 대하여 복음을 전하였다. 전통적인 교회 안에서 경직된 예배를 드리던 그 시대에 대각성 운동을 촉구하는 열정적이고 원색적인 복음을 전하자 영국의 전통적인 교회는 그를 추방하고 말았다. 교회에서 쫓겨난 웨슬리는 하는 수 없이 전도 여행을 하면서 가는 곳곳마다 성령의 증거를 체험하게 되었고 말을 타고 가면서, 혹은 나무 밑에서, 혹은 사람들이 많이 모이는 곳에서 심령의 부흥을 촉구하는 설교를 하였다. 이것이 오늘날과 같은 부흥회의 시초가 되었다.

18세기의 영국은 매우 부패한 시기였다. 웨슬리가 회심하던 해인 1738년의 영국은 일찍이 다른 기독교 국가에서도 유래가 없을 정도로 종교와 도덕이 부패했으며, 현실은 어두웠고 미래는 더욱 암울했다. 그런데 웨슬리에 의해 가히 혁명적인 부흥 운동이 일어나면서 복음 전도 사업과 더불어 병자와 가난한 자를 돕는 사회 구호 활동, 교육적인 활동, 교도소 개혁 활동, 여성의 지위 향상과 지도력 배양을 위한 운동, 노예 제도 반대 투쟁 등의 사회 개혁 운동이 시작되어 종교적으로는 물론 사회적으로도 큰 영향을 미치게 되었다.

이러한 영국의 부흥 운동이 대서양을 건너 미국으로 전해져 미국의 대각성 운동에 영향을 미치게 되었다. 미국으로 확산된 대각성 운동은 찰스 피니(Charles G. Finney, 1792~1875), 조나단 에드워드(Jonathan Edwards, 1703~1758), 드와이트 무니 (Dwight L. Moody, 1837~1934)에게 영향을 미쳤으며 이들에 의해 믿음의 경주가 신실하게 이어지게 되었다.

드와이트 무디는 공식적인 학력이 초등학교 5학년밖에 되지 않는 구두 수선공 출신이었다. 그러나 모든 일에 열정적이었던 무디는 강한 은혜의 체험을 하고 난 후 뜨거운 열정으로 복음 전도자로서의 삶을 살았으며, 무디의 솔직한 설교와 헌신으로 가는 곳마다 많은 회심자들이 생겨났다. 그가 부흥 집회를 하는 곳마다 대성황을 이루었다. 1886년 무디를 비롯한 저명한 성경학자들에 의해 개최된 헐몬 산(Mount Hermon) 수양회는 세계 선교 운동의 중요한 전환점이 되었다. 이 수양회에는 미국과 캐나다의 89개 대학에서 251명의 학생들이 모여 들었고 집회는 약 한 달간 이어졌다. 이 집회의 마지막 날 프린스턴에서 온 학생으로서 선교에 대해 열성적이었던 로버트 윌더(Robert Wilder)는 사람들을 향해 선교사로 헌신하자는 도전적인 제안을 하였으며, 그것은 개인적 결단으로 이끄는 강력한 호소가 되었다. 그 결과 후에 '헐몬 산의 100인(Mount Hermon Hundred)'으로 알려진 100여 명의 학생들이 '프린스턴 서약(Princeton Pledge)'에 서명하였다. 프린스턴 서약은 '하나님께서 원하시면 어느 곳이든 선교사로 가겠다'라는 내용으로 이것이 곧 학생 자원 운동(Student Volunteer Movement: SVM)의 입회 서약이 되었다. 이 모임은 후에 해외 선교를 위한 학생 자원 운동으로 발전되었으며 100여 명의 서명자 중의 한 사람이었던 존 모트(John R. Mott)는 30년 이상이나 이 모임을 이끌었다.

헐몬 산 집회 후 로버트 윌더는 무디와 여러 사람들의 후원 아래 선교적인 도전을 전국으로 확대하기 위해 대학교 순회 강연을 시작하였다. 윌더의 감동적인 호소와 '세계 복음화는 우리 세대에'라는 긴박한 구호와 프린스턴 서약은 대학생들로 하여금 선교사로 헌신하게 하는 데 큰 자극제가 되어 순회 여행이 끝났을 때는 여학생 500명을 포함하여 2천 106명의 젊은이들이 해외 선교를 위한 프린스턴 헌장에 서명하게 되었다.

1886년 헐몬 산에서 시작된 선교 운동은 1888년 11월 6일에 '학생 자원 운동(SVM)'이라는 이름의 단체로 공식 출범하였다. 학생 자원 운동에 서명한 많은 학생들은 해외 선교에 대한 하나님의 확실한 응답을 바라게 되었고 또한 하나님께서 자신들을 어느 곳으로 인도하실 것인가에 대해 기대하면서 아프리카, 인도, 중국, 일본으로의 선교를 위한 준비를 갖추어 나갔다.

드와이트 무디, 로버트 윌더, 존 모트 등을 중심으로 한 믿음의 사람들에 의해 미국의 영적 대각성 운동이 이루어지고 있던 때와 비슷한 시기인 1885년에는 우리 나라에서도 신앙의 경주를 위한 신실한 믿음의 주자(走者)들이 첫발을 내딛고 있었다. 1885년 4월 5일 부활절에 미국의 북장로교 선교사 언더우드(Horace Grant Underwood, 1859~1916)와 북감리교 선교사 아펜젤러(Henry Gerhard Appenzeller, 1858~1902) 부부가 첫번째 한국 선교사로서 우리 나라의 인천에 상륙하였던 것이다. 뉴 브룬스위크(New Brunswick) 신학교 학생이었던 언더우드와 드류(Drew) 신학교 학생이었던 아펜젤러는 1883년 10월 미국의 하트포드(Hartford)에서 열렸던 신학생 선교 연맹 대회에서 한국 선교를 위한 호소를 듣게 되었다. 그후로 언더우드는 인도의 선교지망을 바꾸어 한국으로, 아펜젤러는 일본의 선교 지망을 바꾸어 한국으로 오게 되었던 것이다. 이들의 뒤를 이어 1885년 5월 3일에는 아펜젤러와 일본까지 함께 왔던 감리교 최초의 의료 선교사인 스크랜튼(William Benton Scranton, 1856~1922)이 우리 나라로 건너오게 되었다.

이들이 선교사로 우리 나라에 들어온 것은 불과 100여 년 전의 일이다. 이들은 우리 나라에 들어와서 교회를 세우고 성경을 번역하고 찬송가를 간행하였으며 학교를 설립하여 교육을 통한 선교에 힘쓰는 등 한국 교회의 부흥을 위한 많은 일들을 감당했다. 우리 나라에 처음 발을 들여놓은 선교사들은 의료 사업과 교육 사업으로 기독교 사업의 터전을 닦아 놓았지만 그들의 근본 목적은 주님의 복음을 전하는 일이었다.

100여 년 전에는 미전도 종족에 속했던 우리 나라가 이러한 신앙의 선배들의 희생과 헌신 그리고 믿음의 경주에 의해 부흥하고 발전하게 된 것이다. 이 땅에 와서 그들의 희망을 펴 보지도 못한 채 죽어간 490여 명의 선교사들이 믿음의 경주자로서 복음의 기초를 닦았다. 그들은 고국에서 편안한 삶을 살 수도 있었다. 그러나 나의 시대에 복음을 들고 땅 끝까지 가서 복음을 전하겠다고 결심한 그들은 이 낯선 땅에 들어와서 선교의 피를 뿌렸다. 그들로 인해 우리 나라의 교회는 지금 부흥과 축복을 누리게 되었고, 제2의 선교 종주국으로 발돋움하고 있다.

하나님은 지금도 신실한 믿음의 경주자를 찾고 계신다

역사는 계속 흘러가고 있으며 그 믿음의 경주에서 우리가 배턴을 이어받아야 할 때이다. 사람들은 종말의 때가 다가오고 있다는 것을 느끼고 있으며 주님이 다시 오실 날이 멀지 않았다고 말하고 있다. 우리는 이 마지막 시대를 살아가면서 한 집안과 한 사회와 한 국가를 책임지는 영적 지도자가 되어야 한다. 우리 때문에 가정이 복을 받고 사회와 나라가 복을 받는 일이 일어나야 한다.

웨슬리 한 사람이 하나님 앞에서 결단하고 헌신할 때 영국의 대각성 운동이 일어났고, 드와이트 무디가 하나님 앞에 헌신할 때 미국의 대각성 운동이 일어났던 것같이, 한 사람이 믿음 안에서 결단하고 하나님을 의지할 때 하나님은 그를 복의 근원으로 삼으셔서 그 집안을, 가문을, 사회를, 민족을 고쳐 나가시는 분이다. 예수의 허다한 증인들이 그 믿음의 모범으로 지금까지 우리에게 도전을 주고 있다.

하나님은 믿음의 경주를 위한 다음 주자(走者)를 찾고 계신다. 선한 싸움을 하며 살아갈 것인지 아니면 악한 권세를 좇아 살아갈 것인지, 성령에 속한 사람으로 살아갈 것인지 아니면 육체의 경향을 따라 살아갈 것인지를 지금 결단해야 한다. 살아 계신 하나님이 오늘도 믿음의 사람들에게 상 주시기를 기다리고 계시므로 썩지 않을 면류관과 상급을 바라보며 달려가는 자들이 되어야 한다. 달리기를 할 때 달리는 데 방해되는 것을 다 제거하고 최대한 간편한 복장으로 뛰는 것처럼 믿음의 경주에 있어서 승리자가 되기 위해서는 무거운 것과 얽매이기 쉬운 죄를 벗어 버려야 한다. 하나님 앞에 인정받는 사람이 되기 위해 믿음의 경주를 방해하는 모든 것을 없애야 한다.

앞서간 하나님의 사람들에게서 볼 수 있는 공통적인 모습은 그들이 고독한 삶을 받아들이고, 하나님이 기뻐하시는 것이면 어떤 일이든 하겠다는 단호한 결단을 하며, 불편하더라도 그 시대의 풍조에 물들지 않기 위해 작정한 것이었다.

물론 그들이라고 해서 실패 없는 완벽한 인생을 살았던 것은 아니었다. 단지 포기하지 않는 굳은 믿음을 가진 사람들이었을 뿐이다. 때로는 의심이 찾아들고 낙담도 되지만, 부활하시고 승리하신 주님을 바라보면서 끝까지 완주했던 믿음의 선배들처럼 푯대를 잃지 말아야 한다. 암울한 시대 속에서도 그들은 좋은 사람들이라는 별명을 들으면서 많은 사람들에게 선한 영향력을 미쳤으며 죽어가던 수많은 영혼을 살리는 헌신과 사역을 감당하였다.

이 땅에서 화려한 타이틀을 가지고 부귀영화를 누리며 살았던 많은 사람들은 세월이 지나 주님 앞에 섰을 때 고개를 들 수 없을 정도로 부끄러움을 느끼게 될지도 모른다. 그러나 믿음의 경주를 위해 자신의 것들을 포기하면서 희생과 헌신을 다짐했던 사람들은, 하나님 앞에서 면류관을 얻고 잘했다 칭찬을 받는 감격의 순간을 맞이하게 될 것이다.

사도 바울이 로마서를 마무리하면서 40여 명의 믿음의 동역자들을 소개하고 있듯이, 사도행전 28장이 끝나고 새롭게 29장이 이어진다면 우리의 발자취도 하나님의 역사에 남게 될 것이다. 믿음의 경주가 우리에게 이어져 있고 그 배턴이 우리 손에 쥐어져 있다. 이것을 어디로, 누구에게로 전달할 것인가?

믿음의 경주를 완주하는 승리자가 되기 위해서는 먼저 하나님의 은혜를 경험해야 하고, 앞서간 믿음의 선배들처럼 거절할 것을 단호히 거절해야 하며, 때로는 외로움으로 고통을 겪어야 한다. 그러나 주님이 우리와 함께 계시며, 이 모든 과정에서 친히 증인이 되실 것이다.

믿음의 원형적인 선배들처럼 우리가 주님 앞에서 일할 수 있을 때, 그리고 주님께서 힘과 능력을 주셨을 때 귀하게 밀알처럼 헌신하는 성도들이 되어야 할 것이다.